随筆集

思いつくままに

1

本山博

著者の米寿を記念して刊行しました。

宗教心理出版

ある科学者・宗教者・神秘家の記録

序

この本は、御神示に従って一生を懸命に生きてきた一人の宗教者の、神様と人間の関係とは何か、神霊の世界、神の世界への歩み——修行、達成——、さらに進化の途を限りなく歩み、その霊的成長、神への近づきを一歩一歩達成した各段階で、人びと、信者、日本、世界を如何に支えてきたか、自然を支配する神通を得て人びとのために如何に役に立てたか、死にかけた人、一旦死んだ人をどのように生き返らせたか、祈りによって日本を、世界を如何に支えてきたか、等について、折々、思いつくままに記したものである。

神の道を教育の場で教えるためにアメリカに大学院大学を創り、宗教、哲学、微細エネルギー系を測定するＡＭＩ（経絡—臓器機能測定器）を作って経絡の存在証明を行ない、同時に、チャクラ（霊体のエネルギーセンター）の存在を間接的に証明し、チャクラを通しての物理的エネルギーと霊的エネルギーとの相互転換と相互作用とを電気生理学的に証明し、精神身体医学では精神と身体との相互作用のメカニズムがほとんど解明されなかったのを、解明する一つの方法を見出した。

同時に、魂の存在を、間接的ではあるが明らかにする科学的方法、学問を創った。現代の医学は細胞、ＤＮＡ等、身体の物質面、生化学的面の追究に明け暮れ、生体の六〇パーセントを占める体液系の研究をなおざりにしてきた。このなおざりにされた体液系、微細エネルギー系の解明に励み、東西医学の架け橋を作る一つの大きな手がかりをみつけた。同時に、上述のように、魂の科学的証明をする新しい学問を創ったように思う。

これらのことを明らかにできたのは、「一つの聖なる存在＝場所的個としての覚者」を自覚できてからである。この境位で、人助け、社会、国、地球社会の進歩のために、常に神に祈りを捧げることを通じて体験したことの一生の記録が、この本である。

このような修行と霊的進化の記録を本にすることは、悟りへの修行に励む宗教者にとっては有用である。しかし他方、一般の人にも、この本を読んで戴きたいと願っている。

人間の本質は魂であり、魂は大きな宇宙的進化の一階梯にあるが、今は四百年ほど前から発達してきた現代の科学の発明、発見、発達に眩惑されて、科学の成果にすっぽり浸って魂のことをすっかり忘れ、個人も社会も、経済界、政界、産業界も、自らの利益を求めるのに精一杯である。共存していくべき自然を尊ぶ心がなく、ただ自然を物として利用することに明け暮れている。

魂を忘れて、温暖化、自然破壊が進む中で、人間は本当に生き残れるだろうか？百年、千年の後に生き残れるだろうか。

魂に目覚め、人間や自然への愛、思いやり、すべてを生かす智慧・創造力を働かせ、滅びへの道でなく、凡ての民族が愛と智慧に満ちた共存、地球社会、自然との共存の社会をつくり出すことが人類の急務であることを、本書より読み取って戴くことを念願して、序文を終えたい。

二〇一一年　五月二日

本山　博

目次

絶対とは何か

すべての存在は、絶対から離れては存在しえないし、働きもできない。

（1）絶対から離れられない、とはどういう意味か
（2）すべての存在は、創造神、根源的物質を含めて、絶対の自己否定を通じて成立する
（3）自己否定の意味、作用
（4）縦の、異なる次元間の相互作用

上の諸問題について、思いついたまま、次々と考えて記してみたい。

（二〇一一・四・二四）

神様から授かった学問の確立からの解放感

今まで、子供の時からだから約八十年余りの間、御神意に従って一心に断食、瞑想、呼吸法、多くの学問の勉強に励み、やっと二十四歳から三十歳位の間にプルシャ（神々あるいは菩薩）の領域に達し、乞われるままに信者や一般の人びとのカルマを解き、霊的成長と信仰（神を信じる）を促し、助けてきたように思う。

学問の領域では、この頃哲学科の大学院の学生（アメリカ、日本）で、本山哲学（東西の文明、宗教の統合に関する哲学的理論）の研究でPh.Dを得た学生も少しずつ増えてきた。同時に、もう一つの、生体の体液（生体の六〇パーセントを占める）の電気生理学的研究も、行なった。その研究のための生体アンプやAMIの発明と、それらの発明の特許取得で特許料が入り、研究機器も整えることができ、体液の流れの方向、電位勾配等を電気生理学的に証明し、いわゆる経絡の証明ができたように思う。そして、すべての生化学的変化は、この体液系（経絡系、微細エネルギー系）のもつ電場のエネルギーの支えなしには生じないこと等も、生化学関係の諸研究書を読んで、納得した。

随筆を書くつもりが、なんだか研究の話になったが、今までこういう学問一筋に人生を歩んできたので、初めはしようがないと思ったりもしている。

これからは、とらわれない、大きな心でみた現実の世界、霊の世界、神々の世界を、見たまま、体験したままを書いてみたい。

（二〇一一・五・九）

根府川の断食道場にて

昨日、久しぶりに、根府川の断食道場（玉光神社根府川修練道場）へ行った。一九九四年の胃癌の手術の後、次第に腹膜に横行結腸が大部分癒着し、そのせいで、この五〜六年、便秘、下痢を繰り返し、体重も八十五から七十五〜七十キログラムまで減り腹の痛むことが多かったので、二〇一〇年四月に癒着部分の手術を受けた。その後さらに体重が減り、それと共に体力も衰えたが、手術後半年程経って、体重も六十六〜六十七キログラムに落ち着いてから、少しずつ体力がつき元気になった。そこで昨日、久しぶりに根府川道場に行って、道場長や職員達、また、瞑想にきている人びとと会って話をした。

この頃は二十代から四十代の女性の間で半断食と山歩きに人気があり、朝夕三十分くらい瞑想をし、一日半断食（軽い菜食をとるだけ）をして、二〜三時間根府川道場の裏の箱根に続く山道を歩いて山道の空気、海からの空気を吸い、温泉浴を行ない、二〜三日ないし四〜五日で元気になり帰って行く。そういう人たちが毎月次第に増えてきていると聞いて、時代が変わったのだな！なんでも時代の現実に合わせないと成り立っていかないのだな！ということを実感した。

ひと昔前は、女の人が働ける場所、仕事が少なかった。約五十年前、デューク大学、――アメリカ南部の有名な大学で、超心理学研究所があり、そこへ研究員、講師として招聘された頃には、アメリカでしきりに男女同権が叫ばれていたが、女性の仕事の場所はやはり男性のそれより少なかった。

ところが現在は、ヨーロッパでも女性が首相となっている国があり、県知事、社長、重役、弁護士、大学教師等、多くの分野で女性たちが重要な地位に就き、会社、官庁、学校等の運営に当たっている。正しく男女同権の時代になった。僅か五十年の間のことである。

男女間には性別の違いにより、体質、感情、思考の面で違いがあり、今は女性の感じ方、思考法が時代に合っているのかもしれない。

どういうところが時代に合っているか。今の時代は、昔、男性優位の時代とどう違うかについては、別の機会に考えてみたい。

（二〇一一・五・九）

9　根府川の断食道場にて

玉光神社　根府川修練道場

自然環境の中での生活の仕方、習慣で、物の考え方が定まる（東北大震災で示された日本人の心）

今でも、中世に何百年も続いた、クルセード（聖戦）と称して争ったと同じ争いが、アルカイダと称するイスラム系の人びととキリスト教系の信者の多いアメリカとの間で生じている。アメリカはアルカイダのテロで、二〇〇一年にニューヨークで二つのビルが同時に爆破され、多くの死者が出た。つい最近、その首謀者であると考えられていた人物がパキスタンの潜伏先でアメリカの軍隊に銃撃戦の末殺害され、アメリカの多くの人びとは大いに喜んだということである。

キリスト教もイスラムも、元を正せば同じユダヤ教、その元にあるバビロニアの宗教から出た同根の宗教である。

これに対してアジアの仏教、道教、神道の国ぐにでは、権力者同士の争いは歴史上戦国時代と称する各時代に数多くあったが、宗教間の争いに基づく戦争のようなものはなかった。

どうしてこのような相違が生じたのであろうか。

ユダヤ教、キリスト教、イスラムの生じた地域、国ぐには、砂漠が多い。私もインドとパキスタンの国境近い砂漠に行ったが、水もなく植物も生えてない。こんなところでは人間は到底住めないなと実感した。

アメリカのカリフォルニアに大学院大学（カリフォルニア人間科学大学院大学、CIHS）を創って早や二十年になる。サンディエゴから北へ四十マイル（約六十四キロメートル）離れたカールスバッドの家に毎年半年は住んで、大学での学長、教授の仕事をしているが、時には自宅から百〜百五十キロメートル離れたアンザボレゴ砂漠へ行って、時速百六十キロメートルくらいで車をぶっ飛ばす気分は愉快である。アメリカのカリフォルニアの僅か百~百五十キロメートル四方の砂漠でも、砂礫の平原、岩、大きな岩がゴロゴロしている山しかなくて、人は住んでいない。

ところが、オレゴン州のニューポートからカリフォルニア州のサンディエゴ空港へ飛行機で帰る時、おもしろい発見をした。オレゴン州からアリゾナにかけての千キロメートル近くの広い砂漠には、人は全く住んでいないが、オレゴンや北カリフォルニアの太平洋側の海岸には、海からの湿った空気で年中雨が降り、山には鬱蒼と杉、檜等の木が千キロメートル以上も続いて山を覆っている。この大量の雨水が地下水となり、何百キロメートルも離れたアリゾナの砂漠の中に湧き出て周囲が何十キロメートルもある湖となり、そういう湖がいくつも南北に連なっている。その周りに、人びとの住んでいる町や村が見える。

人間は水さえあれば、作物を作り、水を飲んで生きていけるのだな!と強く実感した。

その砂漠で、旱魃で水が減り、作物が出来なくなったらどうなるだろうか。人は

13　自然環境の中での生活の仕方、習慣で、物の考え方が定まる（東北大震災で示された日本人の心）

水のある所、作物の出来る所へ移住するしかない。その時、先住の民族がそこに住んでいて、そこの水の量、作物の量は限られているとなると、互いに相争い、殺し合い、勝ったものがそこを支配するしか方法がないであろう。中東、アラビア半島は砂漠地帯であり、上述のような略奪、争いを歴史的に繰り返してきたところである。

そこでは、自然と人間とは違うものであり、対立し、人間は自然を克服することに力を注ぐ。そこで生じた宗教も、自然と人間の対立思想、生活の仕方に基づき、創造神と自然、人間とは違うもの、対立するものという宗教観が生まれたと思われる。この対立の思想がユダヤ教から出たキリスト教、イスラムの間にも働き、互いに対立、争うのであろう。中東では農耕ができる所が少なく、民族は狩猟民族となり、動物を殺し喰べるのが生き方である。ここでも、動物との争いが日常生活の生き方である。

これに反し、アジアの、インド、中国、日本の仏教、道教、神道では、クルセードにみられるような熾烈な宗教間の争いはない。仏教の教えが道教の中に取り入れられ、日本では神仏習合さえある。

これは、中国、インド、日本等では農耕民は一定の土地に住み、雨・晴れ、暑い・寒いに応じて、畑あるいは水田に自然に合う種を蒔き、育て、収穫する。それを主食とする。農耕民は偉大なる自然の恵みを食べて生きる。そういう生き方から、人間と自然の融合、大自然の力（神）によって生かされている、すべての人種も、植物、動物、自然も、大自然、神の力の内にあり、それによって生かされ、死んで大自然の内に還るという宗教観が生じたのであろう。

「すべてはその根源において同根である」という思想、生き方の内には、宗教が相争うという思想は出てこない。幸せな生き方と思われる。しかし過酷な砂漠の、自然と対立し、これを最大限人間のために利用するという生き方がないために、科学が生じない。科学は、中東、アラビアの砂漠で端を発し、この四百年位の間に西欧で発達し、現在は世界中の人がその科学の恩恵に与って、物質的豊かな生活を営み、アジアでもその恩恵に慣れて、考え方も、社会制度、政治も、自然の根底にある神、人間の本質である魂を次第に忘れて、物の自己凝縮の原理に支配され、自己中心的な生き方が中心となっている観がある。国家も、そうである。

ところが、今回（二〇一一年三月十一日）の東北地方の大地震、津波災害で、地域の人びとは一致団結して、村、畑、漁港の復興に立ち上がっている。日本人の心の内には、皆と心を一つにして助け合う社会性、宗教性が、魂の底に赤々と燃えていたのである。自然と人間が共存することを、世界中の人びとに示してくれた。有難いことである。

この社会性、宗教性、自然との融合の心が世界中の人びとの魂の中で働けば、平和な、自然と共存する地球社会ができると思う。

（二〇一一・五）

科学的認識の限界

人間が人でも物でも見て認識の対象とする時、五つの感覚器官で捉えうる対象の状態を捉える。その中でも、視覚による知覚が最も大きな影響をもつように思う。

昨日、伊豆高原にある玉光神社の施設から十五キロメートル位の距離を自分で運転したが、この頃は目が悪くなったのか、トンネル内でライトをつけても、前のようにはっきり見えない。対向車に用心をしながら走ったが、人間が外の世界の物、人を感覚的に捉える時、視覚が如何に大きな力、影響力をもつかをしみじみと実感した。

ところで、人間が視覚や他の感覚で捉えたものは、そのものを感覚で捉えうる状態だけである。科学は電子顕微鏡やその他の機械を作って、物の構造を原子の核の状態まで捉え、核を構成する陽子と中性子の結合が、いわゆる莫大な核エネルギーをもって結合していることを知った。そしてそれを安全に徐々に放出させる原子力発電所を作り、日常生活のための電気エネルギーを作って、社会全体がその電気エネルギーのお陰で、毎日の生活で冷暖房、電子レンジ、電灯、街灯など、計り知れない恩恵を蒙っている。

戦争では、一度に核を爆発させて敵を壊滅させる。

しかし今の科学は、物質的エネルギーがその中に無限に保持され、そこから陽子、中性子が出来、原子の核となる過程は、何も明らかにしていない。今の科学は、質量となったものやそのエネルギーは捉えられるが、それを生ぜしめたメカニズムは解らない。

したがって、今回（二〇一一年三月十一日）のような地震と津波で安全装置が壊れると、その修復に何年、何十年もかかり、土や空気、水の放射能汚染で原発の周りは人が何年も住めない。

これは、人間の感覚―知覚に基づく知識は、物の感覚で捉えられる表面だけを捉えるが、その奥にある働きは解らないためであろう。ドイツの哲学者カントは、「人間が知りうるのは感覚で捉えた知覚を概念化し、思惟し、それらを先験的に心に具わる因果関係追求の働きで、物の存在、働きのメカニズムを認識するが、それはあくまでも感覚―知覚に基づくものを素材としたものである。物そのものの本質、物自体、心の本質、心自体も、人間には解らない」と言うが、正直であるように思う。

物の本質が解るには、人間の次元を超えた存在、すなわち、人間の次元の存在の自己否定の修行を通じて達した、高い神霊の境位になってはじめてできる。その時は、知ることは同時にその対象の存在状態を変える、あるいは物を創り出す創造力でもありうる。

（二〇一一・五）

19　科学的認識の限界

普遍的真理はあるのだろうか

私は先の大戦前・中の、神国日本、神に守られた日本、という思想を十九歳位まで信じていた。小学校の先生も、天皇は現人神であることを強調していたし、日本の国を守ろうという信念の元に海軍の予備学生となり、一切が「天皇」の名のもとに統制されていることを素直に受け入れていた。予備学生の中には、大東亜戦争は何のための戦争なんだろうと密かに思い、仲間達に漏らした者もいたが、海兵（海軍兵学校）出の教官や予備学生出の教官（私達より二～三年上の卒業）に海軍式のビンタを二十～三十食らわされていた。顔はおたふくのように腫れて、結局海軍の病院に入った。なんともやりきれない気持ちであった。

昭和二十年八月十五日、「天皇陛下の玉音放送があるから全員校庭に集まれ」とのことで、全員が集まり、何だろう?と思いつつ、緊張しながら待っていると、天皇陛下の玉音が聞こえてきた。少し甲高い声で口早に何か言われるのだが、よく解らなかった。しかし八月十五日で戦争を終結する、アメリカに降伏の通知を出す、ということらしい。命をかけて日本を守ろうと志願して海軍予備学生となり、特攻訓練に毎日励んだのに、という無念の気持ちと、やっと解放されたという気持ちが同時に起きた。人間というのはおもしろいものだな!と思った。

翌日から、皆それぞれに家に帰る準備で忙しかった。海軍の対潜学校は潜水艦電波探知機専門の学校で、卒業後は真珠湾攻撃のときのように、士官二人が魚雷を艦首に付けた小型潜水艦に乗って、敵の軍艦に体当たりするための航法、天文学、射撃訓練等を、毎日十時間習っていたが、戦争が終わってしまったので、学校の施設の中で欲しい物は何でも持って帰ってよろしい、ということであった。田舎出身で電話のない家の学生で、電話線を引きちぎって電話器を持って帰る者もいた。欲しい物は人により、種々であった。人間はそれぞれ、いろいろな欲を持っているのだな！と、つくづくその浅はかさと無知を思い知った。

私は支給された海軍将校服、衣類を背嚢という黒い袋に詰めると五十キログラム近くあった。世話になった父方の祖母に、支給されたお菓子袋を持って帰ろうと思い、それも入れた。そのほかに持って帰りたいと思ったのは二人乗りの小型潜水艦で、帰ってから、瀬戸内海を乗り回そうと思った。教官にそう言うと、もう潜水艦はアメリカ軍に接収されて一台も自由にならないということであった。

仕方なく、衣類と菓子を詰めた五十キログラムほどの背嚢を担いで、皆と校門を出た。出ながら、もうここへは一生来ないことにしよう、命がけでつらい訓練に耐えてきたが、無駄だったという失望感と、何のための戦争だったのだろうという疑問が大きく心に膨らんだ。

久里浜の駅に着き、やっと来た電車に乗って東京駅に着いた。駅の中もプラットホームの上も、家へ帰る兵隊、水兵、予備学生、陸軍士官学校生徒等、帰還兵で一杯であった。皆やつれた顔、疲れた顔をしていた。汽車はなかなか来なかった。そのうち、名古屋行に、満員でぎゅうぎゅう詰めだが、やっと乗れた。二等車にはアメリカの兵隊と思われるのが、ガラガラの特等席には二～三人が乗って、悠然としていた。改めて、戦争して敗けたのだな！と思った。

汽車の速度も遅く、何時間かかけてやっと名古屋駅に下りたが、言うなれば敗残兵でホームは一杯であった。そのうち、雨が降ってきた。やってきた乗り換え列車は、屋根のない貨物車であった。どやどやと皆が乗って貨車は走りかけたが、雨が降って、身体中、芯まで雨に濡れた。夏であったのでそれほど寒いとは思わなかった。やっと宇野に着いたのは夜八時頃だったと思う。台風ということで、大雨であった。どこで泊まったらいいかわからないでいると、駅の近くの民家の人びとが「どうぞ私の家で泊まってください。ご苦労様でした」と労ってくださった言葉がとても有り難かった。

一晩泊めてもらい、翌朝八時か九時頃の高松港行きの連絡船に乗り、高松に着き、背嚢を担いで長尾行きの電車乗り場まで三キロメートルほど歩き、やっとぎゅうぎゅう詰めの「おじき電車（オンボロ電車で、おじぎをするように前部が動く電車）」に乗り、一時間ほどで田中道に着き、さらに背嚢を担いで四キロメートル余りの田舎道を歩いて、父親の里である氷上村の主屋（本家の建物）に着いた。

出征する時は部落の人が三十人ほど田中道の駅まで送ってくれたが、今度は誰一人迎えに来る人もなく、敗けた国の兵隊達はこっそり帰るより仕方がなかった。

早速におばあさんに持って帰ったお菓子を出してあげると、田舎では見られないお菓子なので、とても喜んでくれた。伯父や従姉も喜んでくれた。出征する時も義母は見送りに来てくれなかったが、父の家へはあまり帰る気がせず、主屋で一服してから、父親が勤め先の郵便局から帰る頃に、私が十八歳で建てた家に帰ると、父親が喜んでくれたように思う。

その後一～二週間は何もしたくなくて、主屋で百姓の手伝いをしていたが、師範学校へ復学するために学校に出向いた。校舎も何もすべて燃えて、何もなかった。

高松市は一晩のうちにアメリカ軍の空襲でほとんど焼け野原になっていたが、公園の傍にあった実母の弟に当たる叔父の家は奇跡的に焼け残っていた。実母の神様への信仰が、このような形で叔父の一家を助けて戴けたのだと確信した。

学校へ通うのに、焼け残った叔父の家に寄宿した。師範学校の校舎はすべて焼けて、隣の高松高商の焼け残った校舎を借りて授業が始まった。

ところが、驚いたことに、学校が始まって一年も経たないうちに、日本社会は今まで神国日本、天皇は現人神という神道思想で支配されていたが、次第に社会主義、共産主義が蔓延ってきた。神なんぞない、この世のものは自然も人間も物で出来たものだ、それらは社会性を保って社会が成り立っている、という思想が支配的となった。戦争中にそのようなことを一言でも言えば、特高警察が嗅ぎ付けて、即刻監獄行きであった。私はこの百八十度転回に大いに驚くと同時に、敗戦という大事件には違いないが、それによって日本が「神の国」から引っくり返って、「物の国」になったのに大きく戸惑った。

その時、心の奥底から、いったい普遍的真理はあるのだろうか、神様はいられるのだろうか、魂の世界はあるのだろうか、と疑った。

この敗戦が私の一生を定める大きな契機となり、普遍的真理を求めるために哲学の勉強をしようと決心した。

当時、日本の国立大学の哲学科では東京文理大か東北大の教授が最も優れているということなので、その教授達の本も読み、二つの大学の哲学科を受験して、二つ共合格した。母が東京を離れないでほしいという願いなので、東北大学の入学手続きをすましていたのをキャンセルして、東京文理大に入った。世間は社会主義が勃興し、社会党が躍進し、共産党も生まれた。戦中ではとても考えられない現象である。

大学で一年間多くの授業に出て、主にドイツ哲学のカントの純粋理性批判とか、シェリングの自由論、ヘーゲルの弁証法、アメリカのウィリアム・ジェイムズの多元論等のコースを取ったが、どれも理論、論理学的に終始して、現実とは離れていると感じた。ジェイムズの多元論はなんとなくおもしろかったが、深みがない。ドイツ哲学の弁証法的論理の方がおもしろかった。同時に、フォイエルバッハの唯物論も学んでみた。すべてゼミはドイツ語の原書であったので、カール・フォン・ウェーグマン先生の下で七年間ドイツ語を習い、初めの頃の論文「宗教経験と存在」をドイツ語で書いた。この論文をマールブルク大学のベンツ教授が認めてくれて、大学の紀要に載った。それから日本の学会が私のことを注目するようになった。

ともかく一年間は真面目に大学の授業に出て多くの単位をとったが、一年経つと、三ヵ月ほど学校から離れて、山の中で一人で瞑想し、普遍的真理はあるのかどうか、魂は実在するのかどうかを見極めたいと思って、母に言うと、播磨の五峰山光明寺花蔵院の住職に話してくれた。山の中のそのお寺に行くことにして、電車を乗り継ぎ、信者の末永、藤原両氏に案内されて、五峰山の光明寺に着いた。裸で歩いても誰にも会わない、全くの山中であった。

ところが、ここで弁慶のような姿の、強力な六人の霊と会うことになる。

毎日、朝九時には百メートルほど離れた山頂の平らな所にある、少し小高い所にある光明寺の本堂へ歩いて行った。本堂は約十間四方の方形で、中は広く、天井も高く、正面の祭壇に大日如来（？）がお祀りしてある。百ワットの電球が高い天井から一つだけぶら下がっている薄暗い本堂の中で、三時間ほど、シェリングの実在論のドイツ語の原書を、筑摩書房からの依頼で、日本語に少しずつ訳していた。シェリングはカント、フィヒテ、ヘーゲル等のドイツ観念論の中では実在論を説く特異な存在であったが、彼の自由論を大学のゼミで読んでから興味を覚え、シェリングのドイツ語の全集十三冊（？）を、当時ドイツ留学から帰った人が売りに出していたのを買って、少しずつ、二〜三年読んでいた。その続きである。

本堂内は薄暗くて広く、上壇に大日如来が祀ってあって、普通なら気持ちが悪いが、何時も神様のお守りを戴いているから平気で、一心に本を読み、日本訳をしていた。その間は集中しているので、気持ちが悪い等とは思わなかった。唯、本堂の中へ入る時、高さが二・五メートルぐらいある大きな唐戸をギィーッと開けると、戸にへばりついていたヤモリが五〜六匹パタパタと頭の上に落ちてくるので、閉口した。首筋や顔に当たると冷たくて気持ちが悪いが、ヤモリの奴はそれこそ大騒ぎで逃げてしまう。

本堂の中で勉強、翻訳をする日がひと月近く続いた頃、床机の上で、――というのは、花蔵院の本堂横の十畳で寝ているのだが、夜になるとネズミが五〜六匹、隣の仏壇にお供えしてあるお米その他を食べに来るのに私の部屋を走り回るので、鼻でもかじられたら大変と、縁台の一畳余りのものを座敷の上に置いてもらって、その上に布団を敷いて寝ていた。山中のお寺というのはネズミと同居である。夜になると、チューチューと走り回ってうるさい！

ひと月ほど経った或る朝、四時〜五時の頃、いきなり弁慶のような格好をした六人ほどの霊が、足元に一人、頭の上に一人、左右に二人ずついるのがはっきりみえた。そして私をジーッとみている。身体を動かして起きようと思うのだが、いわゆる金縛りにあって、磐石で抑えつけられたような凄い霊力で身動きができない。一

〜二分、弁慶のような坊さん達の霊はじっと私をみていた。今から思うと、私の前生の禅の和尚に何か頼みたいので出てきたのであろう。ともかく、金縛りに遭うと一寸たりとも動けない。坊さん達の霊の顔つき、鼻、目、衣など、すべて今でもはっきり思い出せる。

子供の時から何かの霊を見ると、村の人に、こんな霊が見えたが、そんな人がこの辺にいたかどうか、必ず確かめた。すると、必ずそういう人がいた。だが、べつに怖くもなかったし、こんな凄い霊力で金縛りに遭ったこともなかった。

しかし今回は、坊さん達の霊が見えなくなってから起床すると、早々に東京に帰ろうと思った。服を着替えていると、そのお寺の娘さんで、小学校六年の頃に精神病になって、離れの部屋に閉じこもっていた人（私より三つ、四つ年上だが、病気になった六年生の頃のままの表情、顔立ちであり、振る舞いは静かである）が、ひょっこり、まだ薄暗い部屋の中に音もなく入ってきて、「お兄さん、東京へ帰るの？」と聞くのである。これにもびっくりした。東京へ早々と帰ろうなどと誰にもまだ話していないのに、テレパシーで解ったのであろう。きれいで優しい女の人なのに、かわいそうに、一生座敷に閉じ込められているのだな！と思った。

朝ごはんの時、寺の住職夫婦に弁慶のような霊の話をすると、住職は「もにゃもにゃ」と言ってごまかしていたが、奥さんが「この五峰山は丹波路を見下ろす交通の要衝の地ですから、度々戦いの要所となり、ここで各国の武将達、僧兵達がせめぎ合った所であることが、歴史の本に書いてあります」と言ってくれたので、弁慶のような僧兵が五～六人もみた理由が解ったが、どうして私に会いに来たのかは、二十三歳の私には解らなかった。その後、霊的修行をしていくうちに、あの弁慶のような坊さん達は戦いを仲裁してくれるように、私の前生の和尚に頼みに来たのだなと思った。

この弁慶ような霊達との出会いで、霊界が存在することを強力に印象づけられた。

これが一つのきっかけになって、魂の存在を科学的に証明する新しい科学を創ろ

う と強く思った。そのために必要と思われる数学、解剖、生理、物理、電気生理学、細胞学等を一生懸命、夢中になって勉強した。同時に、魂の次元を超えて、それらを支え生かし、コントロールする高い次元の神霊、悟りの境地に達し、魂の次元、それを超えた神霊の境地を体得し、より普遍的真理を知る智慧と愛と創造力を得なければ目的は達せられない、神様の御意思はそこにあるのだなと直観し、神様の御神示のままに、厳しい断食、瞑想を、上述の学問、研究と平行して毎日三時間以上行なった。五～六年経つと、クンダリニーと神様の神気をスワディスターナチャクラで合一させ、霊的次元、それを超えた悟りの次元にようやく達しえたように思う。

しかしこの境地は、前生で既に達していたように思う。それで、前述の、弁慶のような霊達が自分達の困難を救ってほしいと、前生の私の魂が五峰山光明寺にいることをテレパシーで知り、頼みに来たのであろう。

普遍的真理についても、徐々に明らかになってきたように思う。

水のない砂漠のように厳しい自然環境では、それに適合した生き方、それから生まれた自然と人間の関係について、自然、人間と神との区別、自然と人間との対立、自然を征服・利用する文明文化、対立を基礎にした矛盾律、同一律の哲学ができ、さらに科学が生じた。

これに対し、東洋のインド、中国、日本のように、四季があり、雨季があり、水が豊かであり、水田に水稲の種を蒔けば、水と太陽の光、熱エネルギーで自然が食物を与えてくれるところでは、自然と融和して、自然の内に神の力を感得し、山や河の魂を神として祀る東洋の文化、宗教が生まれた。

これらの基本的に異なる生活環境の中で、対立の文化と、融和の文化とができたが、今これらが互いに他を認め合って統合されるところに普遍的真理があると直観し、これを統合するための修行法、哲学を創り、自然と対立して、自然を征服、利用する科学の根底には、自然と融合し、自然を支え生かす宗教があることを覚り、それらの橋渡しをするのが、生体の中を流れる体液の中に働いている微細エネルギーであるということを証明するための、生体内体液機能の測定器を作った（AMI＝経絡‐臓器機能測定器）。

これらの研究が、若い大学院の学生達や一般の知識人、大学の教授達によって徐々に理解されてきたことは、神様の御神意に少しでも役に立ったかなと思っている。

本も、三十五ヵ国以上の言葉に翻訳されて世界中の人びとに読まれていることは、普遍的真理を解明するための一つの道しるべを世界中の人びとに与えることができたと、神様に感謝申し上げている。

（二〇一一・五・二四）

AMI

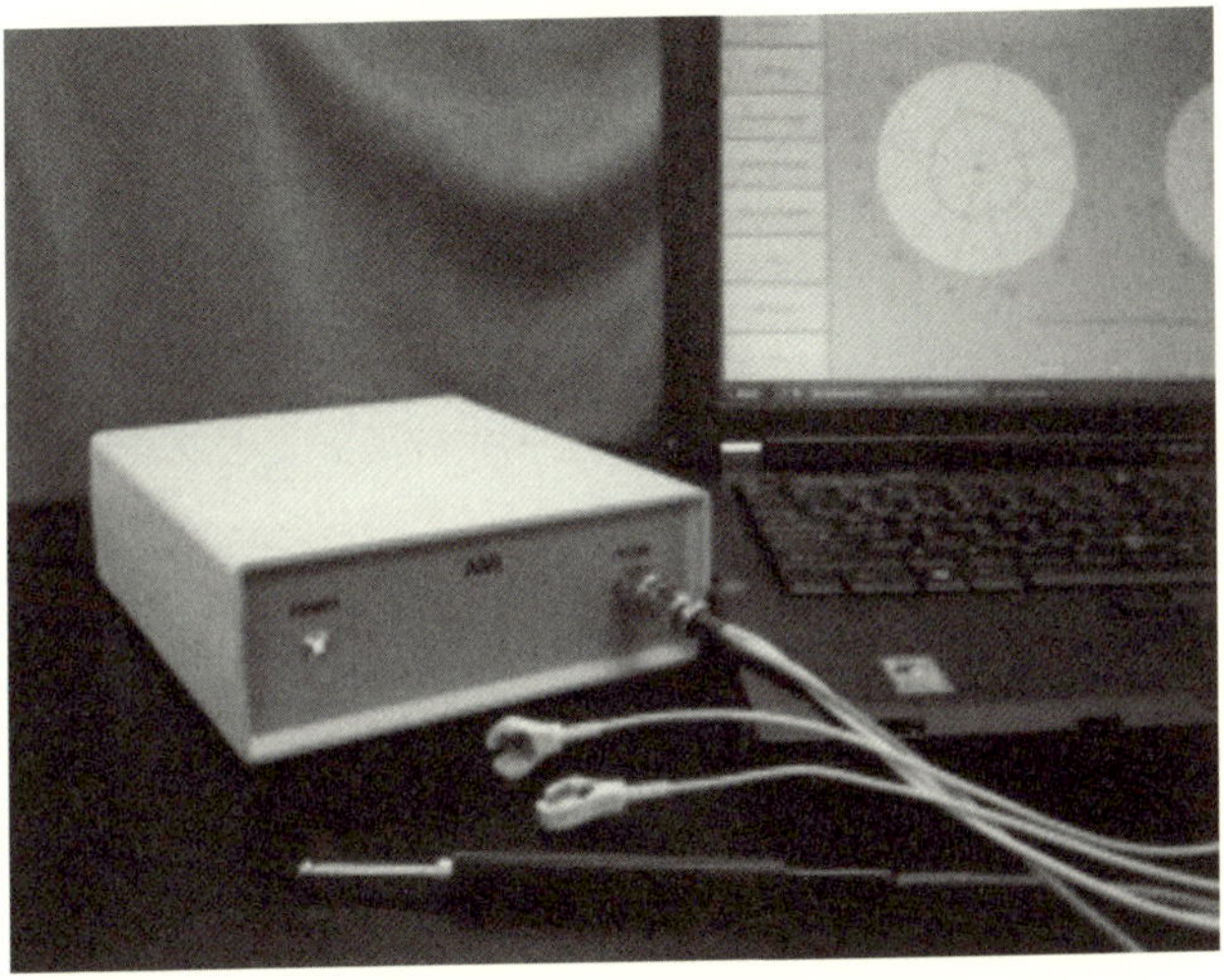

細胞内の水、真皮内の水

細胞内の水は構造化されており、熱運動が束縛され、測りにくい。細胞内のA層は、細胞内の水の約一〇パーセントは生体高分子――蛋白質、糖タンパク等――との結合水で、その周りのA層は高分子を保持するために秩序をもって配列している――構造化（図は上平恒著『生命からみた水』共立出版 七八頁より引用）。B層は、細胞内の水の八〇パーセントを占める。熱運動が遅く、マイナス百五十度で凍る。

体液中に広く分布するNa^{+}がC層、細胞膜の外側に結合している水で約一〇パーセント、熱運動はB層の約十倍ほど速い。B層との水の交換は遅くない。

以上の全体から、細胞内の水は強く熱運動を拘束されており、構造化しており、凍りにくい。Na^+は生体液（内外の総和）に多く含まれる。

生体の高分子を守る細胞膜の周りで構造化して、熱運動が遅い水溶液である。この構造化した水に溶けるには、Na^+は多くのエネルギーを要する。これが、Na^+が水に溶けにくい原因であり細胞外にNa^+が多く、K^+が細胞内に多い原因である。

タンパク質の水和モデル

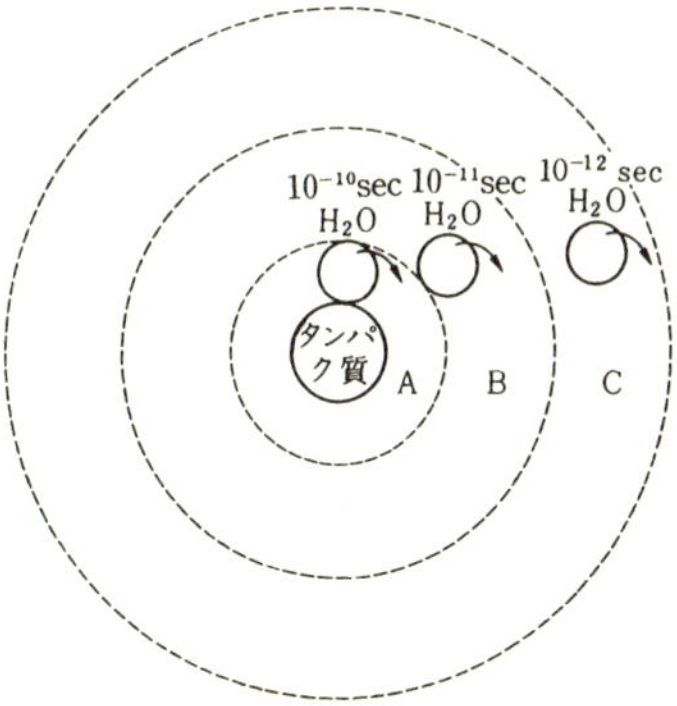

コメント：真皮内には蛋白質、糖タンパク、糖等の高分子が多く、全容量の四五パーセントは含まれており、やはりそれらと水和水をつくり、真皮内の水は凍りにくい。少なくともマイナス十五度でやっと凍る。

（二〇一一・六・一）

神と人間、霊的成長

あと半年で満八十六歳になるが、二十四〜二十五歳から御神言のままに行をした。『今から一週間、あるいは十日間断食をし、毎日二百巻般若心経をあげるように』という御神言があると、夜は何を食べようかなと思っていた食欲はストップで、その時その場から断食して、朝四時に起きて昼まで約七時間、ご本殿が落成してからは、幣殿の下のコンクリートに囲まれた二畳半位の冷たい地下室で、瞑想の行をした。

三時間も経つと、肩、首、腰がぱりぱりと割れるような痛みで気が遠くなるようであったが、三時間が過ぎると、不思議にその苦痛から解放され、自分が肉体を超えてずーっと四方に拡がる体験が生じた。肉体に束縛されない魂の自分が目覚めた。

このような体験が四～五年重なる毎に、幽体離脱、カラーナプロジェクションが生じ、魂にもアストラル体の次元、カラーナ体の次元があるのだな！と、霊的体験が進んだように思う。その霊的体験、進歩の背後に、常に神様のお守りと支えがあり、小さな人間の存在性の殻を徐々に破って戴いたように思う。

こういう体験を通じて、神様のお守り、支えなしには、人間も一切の存在は一時たりとも存在しえないのだな！と強く感じ、神を信じ、お任せすることの大切さ、信仰こそが人間が存在できる根底であり、魂こそが人間の本質である、と強く確信できるようになった。

以上の霊的成長には三つの階梯がある。

第一番は、対象への精神集中、その最後で、僅かであるが、数秒間、対象と一つになり、無念無想の状態になる。

第二番は、対象と一つになることを繰り返していると、人間存在の殻、枠が部分的に破れ、霊的成長の第二階梯、対象と部分的合一が常に行なわれるようになる。自分と同一次元、同一性質などの霊、あるいは他人の魂が常に入り込んでくるようになる。また、人の魂にも入れるようになる。

この第二階梯が、霊的成長で一番危険な時である。自分の好む・好まないに関わりなく、同一次元、同一性質の他人の魂や霊が絶えず入るようになる。また、自分の魂も、知らず知らずのうちに他人の魂に入るようになる。この時期に憑依現象が他から自分へ、あるいは自分から他へと生じるが、まだそれをコントロールできない、一番不安定な時である。霊の次元を超え、プルシャの神我に目覚めた人に指導をしてもらうことが肝要である。いわゆる霊的次元で目覚めた霊能者では指導できない。また、神への信仰、帰依が一番大切な時期である。

次の三昧の段階になると、対象（自然であれ、人間であれ）の魂と完全に一つになる。ここでは少なくとも人の魂、自然の魂、自分の魂を支える、一種の場所的存在となっており、第二階梯のように憑依されて不安定になることはない。

（二〇一一・六・六）

私の一生（人間）

七十歳まであるいは八十歳までは「死ぬ」ことについてあまり考えず、自分の一生の仕事、すなわち、東西の宗教の統合の理論を自らの神秘体験に基づいて確立すること、もう一つは、東西医学の統合のための微細エネルギーの研究を成し遂げることに力を注いだ。

人間は水なしには生きられない。生体の六〇パーセントは細胞内外の体液であり、それらが生体の中を流れる経路、すなわち経絡があり、経絡には陰経（主として肝、心、肺、腎等の身体の重要な臓器、実質臓器にエネルギーを送り込む）と陽経（胃、腸のような、内が詰まっていない臓器にエネルギーを送る）とがあり、陰経のエネルギーが常に陽経のそれより高いこと、その電位勾配は陰の経絡と陽の経絡では逆になっていること、等を証明し、今の西洋医学は物質の医学、ＤＮＡ、ＲＮＡ等、分子、細胞の医学であるが、細胞内液、細胞外液のエネルギーなしには細胞の形成、生化学物質の化合、再生、分離等はできないこと等を証明した。

こうした東西の医学の統合を目指した学問、両者を仲介する微細エネルギーの存在証明を目指して、生物物理学、生理学、解剖学、電気生理学、数学、統計数学、微積分学等の勉強をして、微細エネルギー系の研究とＡＭＩ（体液の流れと電位勾配、自律神経系、免疫系の機能等のパラメータを測定する機械）の発明をして、東西医学の統合をする一つの試みを成し遂げたが、六十年余りがあっという間に過ぎ、八十五歳になった。

周りを見渡すと、友達、近所の人びとの多くが亡くなっている。人生はあっという間に過ぎて、はかないものだな！とつくづく思うのである。

もし人間が肉体だけのものであるなら、努力の結果は後世の人びとの役に立つであろうが、人類はいつまで続くか。食糧がなくなる、水が足りなくなる、さらにこの頃皆が騒いでいる放射能汚染が進めば、人間は死ぬであろう。

しかし、人間は魂こそ本質であり、それは霊界、現界を再生して行ったり来たりしながら霊的成長をして、未来永遠に生きることができることを深く体験した私には、死ぬことも生きることも、言ってみれば、霊的成長のための繰り返しに過ぎない。

魂に目覚め、この世でもあの世でも、愛、思いやり、人びとや自然を生かす智慧、創造力をもって生きれば、地球社会のみならず、他の星の人びととも調和ある宇宙をつくり出せると思っている。

なにも人生は一回で終わるものではない。

（二〇一一・六）

45　私の一生（人間）

人間と魂の認識の違い

人間が外の世界をみる時、五つの感覚能力を使う。感覚器官を通して得られた各感覚の素材は、それぞれの感覚器官の脳の各部分で取捨選択され、それぞれの感覚分野で纏められ、最終的にはすべてが脳の側頭野で纏められ、一つの対象、たとえばコップについて、「丸いガラスのコップ」という知覚が生じ、初めてコップについての意識—認識が生じる。この間〇・二秒かかる。

したがって、自動車を運転するのに、〇・二秒間に処理される現象でないと人間の感覚は追いつけない。感覚できない。たとえば、いつも見慣れている電灯も、実際は一秒間に五十～六十回、プラス・マイナスの電位変化が生じ、点いたり消えたりしている。人間の目は一秒間十六回の変化を区別できるが、五十回となると区別できない。そこで電灯は点きっ放しのように見える。

また、人間の感覚機能は物の世界の時間空間に制約される。広い平原に立ち、地平線を見ても、数百キロメートル先まで見えるが、それ以上は見えない。聴覚もごく小さな音は聞こえない。感覚では人間の心の動きは見えない。他の動物と違って、人間は言葉を話し、文字を発明したため、文章にすれば或る人がどんなことを考えたり興味をもったりしているか、理解できる。しかし、直接人の心を見ることも知ることもできない。

これに対し、霊の世界の感覚はどうであろうか。弁慶のような僧兵の霊六人に、播磨の山寺（五峰山光明寺花蔵院）で、未明の朝、寝ている時に囲まれて金縛りに遭い、身動きひとつできなかった時のことを、今でもまざまざと思い出せる。後に知ったことであるが、この僧兵たちは約七百年前の、日本の国が鎌倉幕府滅亡から室町幕府成立までの、戦いに明け暮れていた時代の人で、前生でその時代に生きていた私に会いに来た。何か頼みに来たのであろうが、今生での行がまだ未熟で、十分に僧兵達に答えてあげられなかった。しかし、七百年の時空を超えて互いに会うことができたのは、霊の世界では自由意志で時空が決まるからである。物の世界の時空には制約されない。

また、心の内容はお互いに言葉を超えて伝え合うことができる。テレパシーである。

さらに、霊の世界の霊力は、この世の人間の身体の動きをも強く束縛、制限できる。つまり霊界の自然ばかりでなく、物の世界の物理現象も支配しうるということである。この世の人間は、手足や機械を使わないと物を動かすことはできない。

霊の認識能力では、愛、智慧、創造力が一丸となって働いている。

他の神秘体験に基づいて、他日、改めて、もう少し詳しくこのことを説明しよう。

（二〇一一・六・七）

五峰山光明寺花蔵院

生と死と霊的成長と悟り

人間はせいぜい八十年位の寿命を生きるために生まれてくる。

この生は、生殖による全くでたらめな生なのだろうか。それなら、好き勝手をして、人に迷惑をかけようとどうしようとお構いなく、楽しく人生を送ることが最高かもしれない。しかし昔から、人は世のため人のために働いてこそ意義がある、と宗教家、道徳家は人生の意義を説く。

どうしてだろうか。

それは、人間は肉体だけの生き物ではなく、それらを創り、支え生かしている魂が人間の本質であり、魂は、肉体が亡びても魂として霊界でも生き続け、この世においても霊界においても、人のため世のために尽くして生きることによって、人をも世をも包み、支え生かす、高い魂に成長進化するからである。その真の霊的成長のために、再生を繰り返すのである。

真の宗教者や道徳者は、その魂の進化、成長を遂げつつある人、あるいは成し遂げた聖者である。その聖者の霊眼には、各人の魂のもつカルマ、再生の繰り返しが直観できる。そして人びとに真の霊的成長への道を教え、各人それぞれに、各人は今霊的成長の道程でどこにいるか、これからどうすべきか、各人の個人のカルマ、家のカルマ、土地のカルマ、民族のカルマを教え、それらに基づき、霊的成長の具体的方法を教える。

この具体的霊的成長の道を歩むことで、個人の魂は生と死を超えた境地に達しうる。

それが悟りである。

（二〇一一・六・九）

霊界への移行

霊界への移行には、普通二～三日を要する。その間に火葬等をすると、霊体に傷がつくようである。

普通、死んだ人の霊が霊界に移るには二～三日かかる。というのは、身体の或るチャクラ、あるいは頭頂のサハスラーラチャクラから魂が抜け出るには、身体と魂との間の、生体のエネルギーと霊的エネルギーとのバランスを保ちつつ、抜け出ることが必要のようである。そうしないと、霊体に霊的次元で傷がつく。死後それが霊体に影響を与え、霊体に痛み、苦しみが生じるようである。したがって、死後は遺体を二～三日保存することが大切である。

そうして無事に死体から抜け出た霊は、無事に霊界に移る。

今までに何千人かの信者さんのうち、死後すぐに霊界に移り、霊としての自覚ができた人は数人に過ぎない。こういう人は、真に神様を信じ、この世のことをするに当たって、常に神様のお働きを感じつつ、他の人、社会のために働いてきた人である。

こういう人の中には、死期が近づくと、生きているにも関わらず、自分はもう三日もしたら死ぬから、祭壇を作って自分の霊を祀ってほしい、と言う人もいた。たとえば、昭和二十年代の半ばごろから六十年初めごろにかけて、玉光神社の信徒総代を務められた中村太一さんもその一人である。

中村さんは、現在の井の頭の神社境内地を、私達が東中野にいた時に、『川が西から東に流れ、泉（池）があり、その小高い傾斜の上で富士が見える所』という御神示に従って探し、みつけられた。「ここでしょうか」と神様に伺うと、『まさにそこである』と神様が仰せになった。中村氏は、生家が貧しく、小学校四年で学校を止め、電気の子会社に丁稚奉公に入り、二十代で十～五十人の職工を使う会社を御神言の通りに高円寺に作られた。信仰が篤いことは学歴に関係ないし、事業や会社をゼロから興すのも学歴には関係ないのだな！と、中村さんを見ていると強く感じられた。社会の現実の動き、今の社会が求めているものを見極め、自分の能力に合ったものを見出すことができる。そして実行力のある人は、たとえ小学校を中退した人でも、大学出の社員を何十人も使う中小企業を興し、社会の役に立ちうるということを実感した。

事業を興す人には、高学歴の雇われ社長とは違う、現実を洞察できる能力と実行力、直観力と、人への愛が具わっているのだな！と思った。

今の社会を見ると、塾に通い、いい大学に入り、卒業していい会社に勤めるのを唯一の目的のように親も子も考えている人びとも多いように思うが、こういう個人主義がいつまでまかり通るのかなと、また、そういう個人主義で現実を知らない頭でっかちの人びとが、大学を出ると社会の上層に立ち社会を動かす場合、現実を知らないから、今回の東日本大震災ような、現実に大きな災害が生じると、「想定外」と言い、現実への対応がなかなかできない場合が多い。災害に遭った現地の人びとは、その土地、海に生きることを誇りとして立ち上がり、政府、東京電力等の上層部がもたもたして現実の事実を隠し、あるいは十分に把握できないでいるのを尻目に、復興に立ち上がっている。そして庶民は一致団結し、地域社会の和を実行している。社会の上層部が無能力でも、庶民は現実をよく理解し、その復興の道を見出し、それぞれに復興を進めているのは、日本民族の誇りであろう。

こういう人達は、霊界への移行を難なく遂行し、霊界からこの世の子孫達を導いてくれているように思う。

（二〇一一・六・一〇）

老いる

間もなく満八十六歳になるが、二〜三年前から体力の衰えを感じるようになった。

まず、疲れやすい。

二〜三年前までは、午前中原稿を書いたり、本を読んだり、電気生理学的実験を実験室でしても、三〜四時間は夢中になって時が過ぎるのを忘れて、済むとホッとするが、午後にはそんなに疲れたと思わず、また本を読んだり、研究所、アメリカの大学、お宮、学会等の種々のマネージの仕事ができたが、この一年ぐらいは、午後は三十〜六十分ぐらい昼寝をすることが多くなった。

体力は衰えたが、思考力、直観力は衰えていない。多くの人の相談にもすぐに答えられる。

身体は衰えるが、魂の働きは少しも変わらない。身体が衰えるのは、魂が、物の無秩序なエネルギーに秩序を与えて身体を形成して維持してきたが、その秩序が物の無秩序の原理に次第に制圧され、遂に無秩序――死に至るのであろう。

秩序を与えられ、創造された宇宙も、終いには身体と同じく物の無秩序の原理に支配され、消滅するのであろう。唯、人間の身体のように八十年余りでなく、何億年もの後であろう。

人間の魂は、身体がなくなっても、創造神が絶対無に還るまでは魂の次元で続き、霊的成長のための自己否定を通じて霊的成長する魂は、魂の次元を超えてプルシャの次元（菩薩の次元）に達する。遂には、神と一となれるのであろう。

（二〇一一・六・一七）

感覚、主として視覚に基づく科学的実証の限界

視覚に頼った科学的認識は、電子顕微鏡、コンピュータ（によるシミュレーション）等で様々な新発見、それに基づく科学的推論、仮説が次々と作られていく。限りがないようである。しかし、視覚による認識とそれの実験的証明は限りなく進んでも、それを超えた魂の次元を直観することはできない。

理由は簡単。魂は目では見えない。それを知るのは、魂による直観のみである。魂の直観は、人間なら誰でも、魂の領域に入れるとできる。

そのためには、物を追いかけるのでなく、人、社会、地球、自然に思いやりをもって働きかけ、それらを支え生かす努力を、無私になってすればいい。

しかし、ほとんどの人間は自分を金、職を得て守るのに必死である。それでは魂を見ることはできない。

（二〇一一・六・一八）

はかない人間

人間の身体は、上は四十五度、下は二十七度で死ぬと言われている。水がないと生きられない。食物がないと生きられない。今は、これらの条件を満たす地球の自然環境があるから生きていける。

これらは人間の手で壊さないようにしないといけない。それには、地球の魂、自然の魂が語りかけるのを、魂で悟らなければならない。

魂に目覚めて、自然の魂の言うことをよく聴くことが、これからはより大切である。

（二〇一一・六・一八）

水がなく草木の生えていない山
(南カリフォルニア・アンザボレゴ)

枹の木の魂

私も家内も、やさしそうな女の姿をした枹の木の魂を見た。枹の木は、公園と地境に生えた、大きなやさしい木であった……。

（二〇一一・六・一八）

枹の木（花）

魂＝人間にとって一番大切なもの

人間にとって一番大切で本質的なものは魂である。

その理由を、以下に述べてみよう。

魂が身体から抜け出ると、身体は心臓も呼吸も止まる。抜け出た時間が五～六分以内なら、魂を身体に戻すと生き返る。こういう、死に臨んだ、一旦は死んだ人を、魂を身体に戻して生き返らせた例は二十二～二十三例あるが、最も印象に残っているものを以下に述べてみよう。

一番印象に残っているのは、私が二十七歳で既に、断食して一日中般若心経を二百巻唱える行、ヨーガの行をして三～四年経って、心霊の次元を超えたプルシャ

――菩薩の境位に達していた頃のことである。

夜の十時近くであったと思う。社務所の電話がけたたましく鳴った。受話器をとると、N夫人の上ずったような声が聞こえた。「孫の吉太郎（当時一〜二歳、現在は五十八歳）が肺炎になり、医者でペニシリン注射をしてもらったところ、ペニシリンショックでひきつけて呼吸も心臓も止まってしまいました。神様にお祈りして助けてください」という慌てふためいた声である。

早速に法母のお代様と生母の清光先生と私との三人で、本殿の幣殿のところで一心に、吉太郎が助かりますように、お祈りを始めた。すぐに御本殿の段階《きざはし》のところから、直径二十五センチ位の大きさの金色に輝く玉が私達の方へころころと転がってくるのが視えた。吉太郎の魂だな‼と、三人共同時に思い、神様に「どうぞ、吉太郎の魂をその身体に戻してください」とお祈りして、霊力で身体に押し戻した。二〜三分経つと、お祖母さんから、「先生、吉太郎が生き返りました。ありがとうございます」と泣き声で電話があった。早速、神様に感謝を申し上げた。

この時、人間というのは身体だけで生きているのでなく、魂が身体をつくり、生かしているのだ!と強く感じ、魂こそ人間の本質であることを確信した。

播磨の五峰山では、弁慶のような僧兵の霊六人に囲まれ、金縛りに遭い、身動きひとつできなかった。他にも、霊力の偉大さ等、何百例もの霊体験をもった。

これが、私が一生かけて、霊、魂の存在を科学的に証明する学問を創って、人びとに、人間の本質は魂である、魂に目覚めること、魂の本質は愛(人びとを助け、共に栄える)、智慧(人間の頭で考えた仮想の知識でなく、物を創り動かしている原理を直観する智慧)、創造力(物を創りだす創造力)であり、これらは一体となって働いていると説き、指導し実践さす原動力となった。

人のために、社会のために、自然のために、それらを生かす愛こそ本当の愛である。この愛に生きる時、人とも自然とも一つになり、人間を超えた大いなる存在、場所的存在になりうる。ここに霊的成長があることを、その後の人や自然を助け生かす神様のお働きの真似事をさせて戴く間に体得した。

(二〇一一・六・二二)

67　魂＝人間にとって一番大切なもの

遊びの余生

満八十五歳になる今日まで、神様から戴いた仕事、東西宗教の統合、東西医学の統合に関する著書、学会誌掲載の論文を百以上、原稿にして四畳半に一杯になるほど書いた。やっと二〇一一年四月に最後の論文を書き終わった。六十年があっという間に過ぎた。

しかし、今も東京三鷹市の御宮、小豆島の御宮（境内地約一万五千坪）、根府川修練道場では、神社会員、ＩＡＲＰ会員、一般の人たちが霊的成長を目指して、経絡体操、ヨガの呼吸法、瞑想に精進していられる。その人達の毎日の指導、各人の家、土地、個人のカルマを霊視して、カルマの浄化の目標を指導し、どのチャクラが目覚めかけたか、身心のバランスがとれてきたかを、具体的に指導している。

今はぼやっとして、身心、頭の疲れを伊豆高原の研究所で温泉に入って休めている。贅沢ではないが、恵まれた生活を楽しんでいる。子供達も成人し、それぞれに子供をもうけ、独立し、立派に社会の役に立っている。

若い二十〜五十歳にかけて断食、瞑想、勉強が精一杯できて、著作は三十五ヵ国以上の国の言語に翻訳されて、世界中の多くの人びとに医学、ヨガ、健康法で役に立っている。有り難いことである。神様のお恵みである。

立身出世したい、偉くなりたい等と一度も思ったことがない。唯ひたすら、自分も他の人も、人間の本質は魂である、魂の霊的成長こそ、地球社会を創り、この世と霊界に平和と幸せな共存を作り出す原動力であることを説き、実践してきた。

今は、専門書を読むにしても、前のように、これを読んで重要なところを参考にして本を書きたい、論文を書きたいと思わないで、著者の人達が懸命に研究したことを理解して、楽しんでいる。それだけである。

こういうのを「遊びの余生」というのであろう。

（二〇一一・六・三〇）

諸外国で出版された著書の一部
左上からギリシャ語、仏語、オランダ語、英語

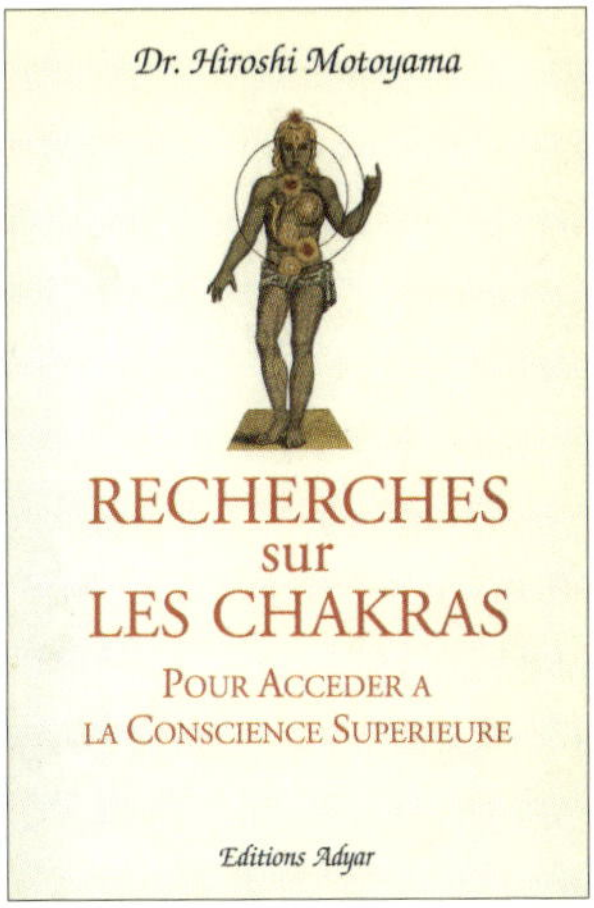

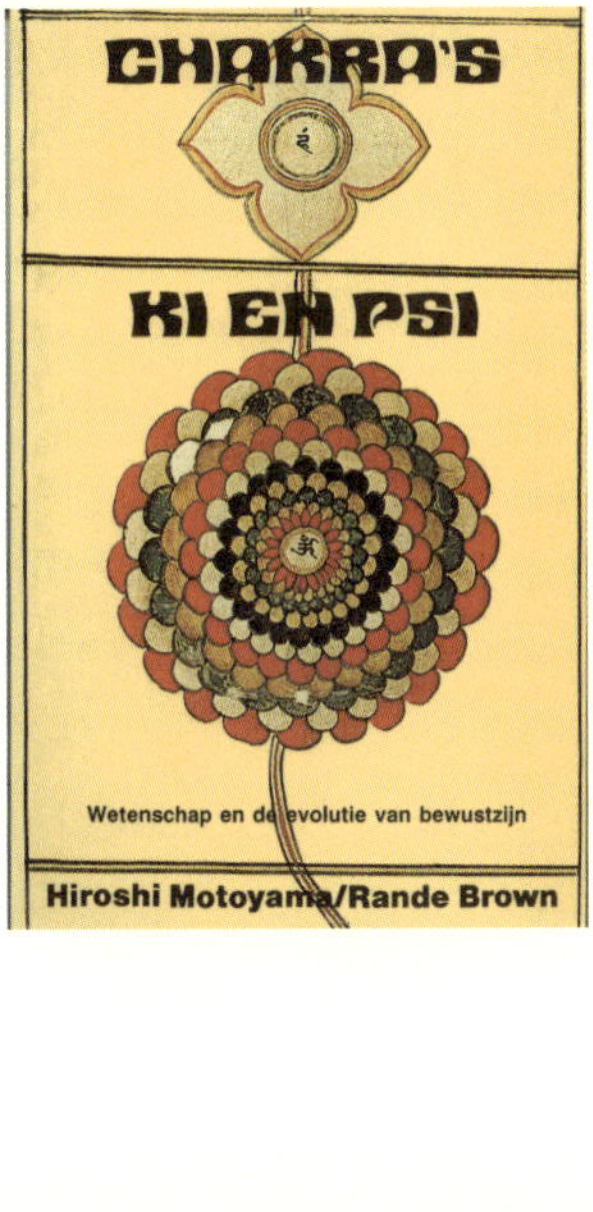

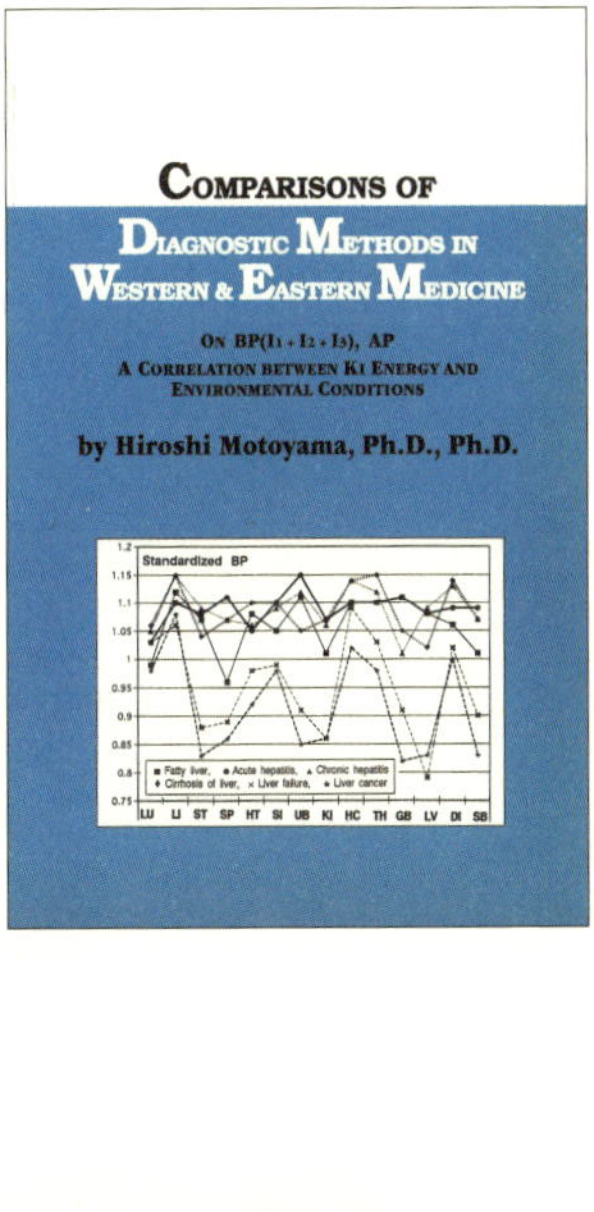

五十年前と今

カリフォルニアのＣＩＨＳでの仕事、教授や准教授を採用する時、及び昇給する時の条件、――ＣＩＨＳの収支のバランスの中で採用、昇給するときの条件等の細々としたことを決めて、学校の運営も一段落してきたので、三～四年ぶりに、南カリフォルニアのリゾート都市、ラグナ・ビーチへ行った。カールスバッドの自宅から車で一時間位の海岸の町である。現在はＣＩＨＳで総務副部長をつとめている馬場君の運転が上手なので、あちこちきょろきょろ見ながらの、楽しいドライブであった。

四十～五十年前、ラグナ・ビーチは全くの漁村で、家が十軒位しかないような海岸であったが、今はリゾート都市として、町の通りには沢山の豪華なホテルや、趣向をこらした高級店舗が東西に長く立ち並んでいる。

皆、楽しそうに散歩をし、海岸でバレーボールを楽しんでいた。四〜五年前に来た時、チョコレートを作る店があったのを思い出して、あっちこっち探して、やっとみつかった。

その時、この六月頃、五十年ぶり位で多摩の稲城へ行ったことを思い出した。多摩川を渡る橋の左側にコーヒー屋があったので、そこへ寄ろうと思ったが、いくら探してもない。対岸に渡り、コーヒー屋をみつけて寄って、店主に、橋向こうのコーヒー屋について訊ねたが、「知らない」と言う。「いつ頃のことですか」と言うので、「五十年位前だ」と答えると、店主があきれた顔をして、「そんな店は今はありませんよ」と言った。

一生懸命井の頭のお宮、小豆島の御本宮を造り、本を書き、学会を創り、アメリカに大学院を創って、もう五十年、否、六十年経ったのだな！世の中もすっかり変わったのだな、とつくづく思った。自分も二十代の若者だったのが、今はもう八十五歳のじじいになった。

人生は長いようで、束の間であることを悟った。それをアメリカへ来て思い出し、やっと悟ったのは、なんと間抜けなのだろうとも思った。（二〇一一・九・五）

75　五十年前と今

ラグナビーチ

瞑想と、皮膚の電気生理学的研究

七月三日に日本を出発して、ハワイに着いた。七月の日本は猛暑、三十五度の日々が続いていた。

四月末に、神様から戴いた仕事、

①東西医学の統合

②東西哲学、宗教の統合

の仕事を、六十年余り夢中になって、多くの研究、電気生理学的実験を行ない、その間にＡＭＩを発明し、それによって、この頃よくいわれる微細エネルギー、気エネルギーの流れる道すじ、経絡が表皮のすぐ下の表皮基底膜を含む体液の流れに相当することを、電気生理学的実験によって確かめ、証明できた。

体液は生体の六〇パーセントを占めるといわれており、生体内の物質の化学的結合、化合には、エネルギー場として働く重要な成分である水なしには生体は存在しえないと言われながら、生体の六〇パーセントを占める体液の流れるチャンネルについては、未だ研究が進んでいない。

この体液の流れるチャンネルは経絡であろうということを、朝の瞑想の時、生体の中を、皮膚の下を水が流れるのをよく体験し、それが昔から東洋医学で言われ、臨床的に確かめられている経絡の道すじと一致するのを、何年間もの朝の瞑想中に体験した水の流れを通じて、直観した。

この水の流れをなんとかして、皮膚の電気生理学的研究と、私が考案した実験方法によって確かめたいと思い、まず経絡の研究、皮膚科学の研究を始めた。

（二〇一一・一〇・七）

狭い家

十月二十三日の小豆島御本宮の大祭にお仕えするために、アメリカのカリフォルニアを十月七日に出て、ハワイのマウイ島で十四日まで、アメリカでの大学院の人事、講座の件での疲れを癒すために滞在した後、帰国した。

マウイ島の道場は、ハレアカラ休火山の、海抜八百五十メートルくらいのなだらかな山の斜面にある。一万坪の広い敷地内に建つ家の二階の書斎で多くの本を書いたが、書斎の窓から、原稿を書いたり本を読んだりして疲れると窓の外を見る。そこには十五キロメートル位にわたって山の斜面、西マウイと東マウイ島が連なった平野と、その向こうに太平洋が広々と見える。広い大きな景色が広がって見える。

太平洋の真ん中にあるマウイ島は、太平洋の酸素一杯の空気に包まれている。胸が拡がる思いである。この書斎からの大きい、広々とした眺め、そしてハレアカラ火山のマグマの、静かで大きなうねりと地磁気力は、常に疲れた身心を活気づけ、休ませてくれる。有り難いことである――これも神様のお陰である――。

私が選ぶほとんどの建物は、広い、大きな、活力と静穏に充ちた土地の中にある。ときどき、どうしてこういう、広くて、静かで、精神集中がよくできる所を選ぶのかな?と思うことがある。

一つの原因は、私が物心がついた四～五歳頃までは、母方の祖母の家の裏にある、狭い家で暮らしていた。一階と二階に四畳半の狭い部屋があり、上は物置であった。夜、両親の布団を二つ敷くと、私の寝る所がない。どっちかの布団にもぐりこむより仕方がない。

父は郵便局長代理で、朝八時半頃から夜十時頃まで働いて、月給は田舎の特定郵便局のことで、多分三十円少々の安月給である（八十年前のこと）。それだけでは親子三人の日常生活に十分でないのか、母親は縫い物の仕事で、一日中旅館に出て働いていた。両親の仲が円満でなく、子供として、仲良くして、たまには親子三人で遠足にでも出かけたいと思っていたが、一度だけ、親子三人で銚子の滝を一日かけて歩いて見に行ったことがある。五歳頃のことである。マシュマロを紙袋一杯買ってもらって食べながら、両親と話しながら、山道になると母親と手をつないで六キロの山道を歩いて、滝を下から見たが、水の落ちる勢いが凄いので、子供心に凄いな！と思った。

今日のように毎日両親と仲良く暮らせたらいいのにな！と思ったが、理由は解らないが不仲なのは、子供心に暗い気持ちであった。その上、住む所が狭いので、子供心に、大きくなって偉くなったら、東京に出て大きな家と土地を買って、何時も苦労している母親に親孝行をして喜んでもらいたいと思っていた。そういう狭い家と土地に住んでみて、広い土地、大きな家に住みたいと思う心が、東京でもマウイ島でも伊豆高原でも、広い大きな土地と建物を買うことになったのであろう。これは、一生懸命に行（坐禅、瞑想、呼吸法）をして、勉強も一生懸命にして、日本でも国際的にも、サトルエネルギーについての本山理論と、経絡‐臓器機能測定器（ＡＭＩ）の発明が世界中の学者に認められ、ＡＭＩの特許料も入ったので、子供の頃からの念願、母親に大きな土地、家で住んでもらいたいという念願を、神様が叶えてくださったのである。

私は厳しい修行をして、霊的次元を超えた、個人性を持たない、自由な境地に至ったと思うが、この境地に達すると、人びとの幸せを祈り、助け支えることができ、その思うことは実現するように思う。母親を広い大きな家、土地で安らかに楽してもらいたいという願いが、神様のお陰で実現したように思う。有り難いことである。

（二〇一一・一〇・三〇）

真理の探究を一生続けたいと思った時

①「勉強に励めば幸せ」と実感したこと

私の実母は、瀬戸内海の小豆島の生まれで、私が五～六歳の時の記憶では、小豆島の行儀作法の躾が非常に厳しかったように思う。特にご飯を食べる時の行儀は、ご飯のお茶碗の左手での持ち方、箸の置き方、汁椀をどこに置くか、行儀よく座る等、小豆島流の作法が厳しかった。できないと叩かれたように思う。二週間に一度は必ず、近所のおばさんを呼んで二人がかりで抑えつけられて、行儀よく、親の言うことをよく聞くようにということで、命門（腰椎の三～四番の間の真上）にお灸をすえられた。

親の本音は、今思うと、子供が健康で育つようにという健康灸であったように思う。

しかし何にしても熱かったので、精一杯反抗するが、二人の大人に抑えつけられると降参するより仕方がなく、お灸を五つ、六つすえられた。健康に役立ったのであろうか。親の前では従順にしていた。

実母と父親は仲が悪く、父はよく母を叩いていたように思う。水をぶっかける時もあった。なんでそんな酷いことをするのかと、子供心にも父親を非難したが、理由は解らなかった。大人になり事情を知って、人間というのは感情を克服するのは難しいのだな!!とつくづく思った。人間で、自分の感情、嫉妬心を制御できない人がほとんどであることも、悲しいことである。

母は、私が十歳でチフスを患った時、田舎の、周りには家一軒もない山中の避病院で、一ヵ月、全く親身になって看病してくれた。お陰で私は死なないで済んだが、二～三日おきに、同じ避病院内の近くの部屋で、疫痢の人、チフスの人が次々と死んでいった。今なら、抗生物質があって、チフスくらいではほとんどの人が死なないで済むが、昔は抗生物質がなく、死ぬ人は死ぬ、生きる者は生き残るという具合であった。抗生物質のお陰で、多くの人が死なないで済む今の世の中は、有り難い世の中である。

薬も何もくれない、唯ビタミン注射をしてくれるだけの入院であったが、一ヵ月半の後、やっと退院できた。母の一生懸命の看病のお陰である。

退院の初めは歩くことができない程骨と皮であったが、少しずつ食べて、二〜三週間後には家の内で壁を伝ってやっと歩けるようになった。足の裏が赤ん坊の足のように軟らかくなっていて、立つと痛い。それを我慢して立ち、壁に伝って部屋の内を歩き、一週間くらいしてやっと外で杖をついて歩けるようになった。毎日歩く練習をして、一ヵ月くらいで町の道を歩けるようになった。そんな状態であったが、「死ぬ」などとは、ひと時も思わなかった。生命力の強さであろう。

そうこうして一ヵ月余り経つと、母親は東京に出て、神様の道を説いているお代様のところへ行って、離婚してもいいかどうか伺ったら、『離婚して吾の所へ来て、人びとを代と共に導くように』という御神言であった。

母にとって御神言は絶対である。父と私を小学校時代の女友達の家へ下宿できるようにして、私が避病院から退院して一ヵ月半の後、離婚して私を置いて東京のお代様の所へ行った。私が十歳の、五年生の時であった。

父親は昼間は朝から夜まで郵便局に出て、居ない。私は母親の友達の子供達と遊ぶが、心が空虚で、しばらくは何もできなかった。四年生の時一番であった成績も五番に下がった。それでも、学校の図書室で勉強することにして一生懸命勉強して、一番になった。私はつくづく、自分は勉強に励めば幸せなんだな！と思った。

②びっくりしたこと

A

子供の頃、小豆島土庄の祖母の家の裏の四畳半の部屋に親子三人で住んでいた頃のことであるが、五歳くらいの時である。百～百五十メートル離れた土庄の漁師町で、西光寺という寺の横に、今思うと六十歳くらいのおばさんが小さなうどん屋をしていた。祖母が時々うどんを食べさせてくれた。やさしい祖母で、両親の代わりによく面倒をみてくれた。

或る日のこと、祖母の従兄弟に当たる、高松で株屋をしているというおじさん（六十歳くらい？）が、その子供である若者を三人程連れて祖母の所に見えた。昼頃になってそのおじさんが、うどん屋からきつねうどんというのを皆にとってくれた。それまでは「うどん」と言えば三～四銭の素うどんしか知らなかった子供の私にとって、きつねうどんは、ひとくち口に入れると凄くうまかった。うどんにもこんなにうまいのがあるのかと、びっくりした。

昔は（今から八十年前）食生活も衣服も住居も、私達の周りでは本当に質素であり、貧乏であった。

戦争中は、師範学校に在学中であったが、初めて学校の寮の食堂でハンバーグが出た。おいしいのでびっくりした。

海軍予備学生の試験に受かり、横須賀の対潜学校で予備学生として二人乗りの潜水艦に乗るための特攻訓練を受けたが、何時も腹ぺこであった。食事をとる毎に「腹が減っている」という奇妙な感じがした。腹が減り過ぎていたのであろう。

B

日本の興隆もびっくりの一つ。

上のことからも、子供時代、青年時代の日本の田舎の食事、学校の食事は、今の人達の食物に比べると百姓と金持ちの差があった。が、戦後は、戦争に行った先輩や私達で一生懸命に働いて、今日の豊かな日本をつくり上げた。且つ、種々の物を製造し海外に輸出し、その得た金で海外から食糧を輸入して、戦前、戦中では考えられなかった豊かな衣食住を得て、戦前、戦中と比べると、各人が昔の大名暮らしをしているように見える。これもびっくりの一つである。

これは、日本人が常に結束して事に当たり、事態を解決していく国民性をもっているせいであろう。しかし、その結束して動く国民が、誤った指導者に導かれると、戦争に突入する危険性を大いに持っていることが、第二次世界大戦への突入で証明されている。

正しい、世界の人びとと平和に、お互いを認めあって暮らせるように、国民の一人ひとりが民主主義と自由意志に従って国を発展させたいものである。

③嬉しかったこと、腹の立ったこと

A

子供の頃嬉しかったことは、銚子の滝へ親子三人で行った時くらいで、あまりなかった。

中学校（旧制）へは、お金がなかったのでやってくれないという。師範学校は奨学金で卒業までお金は要らないというので、試験を受けたら、受かった。嬉しかった。

高松の師範学校の校門の前の、元の小学校の校長さんの家に、入学試験の間、小学校の受け持ちの先生の紹介で四日間泊めてもらったが、その時、肉のような、しかし丸いぐにゃぐにゃしたおかずが出た。箸で突付いてみると、ぐさりと刺さる。何か知らんが気味の悪いものだな、食べようかどうしようかと思案していると、隣にいる大澤小学校からの受験生で、家は大澤の炭鉱の持ち主、村の金持ちの息子が誇らしげに、「これはハムといって、うまいんじゃ！」と言って、むしゃむしゃ食べた。それに倣って食べてみると、やっぱりうまかった。その時初めてハムというのを知ったが、うまかった。これも喜びの一つであろう。

さて次は、腹が立ったことを書いてみよう。

B

小学校は四年生から高等科二年まで、成績は一番であった。高等科二年卒業の時も、男女合わせて六十人余りの中、一番であったと思う。女子組の方の一番の人も女子師範を受けたが、パスしなかった。

さて、終業式の日、何時も一番で沢山の褒賞や賞状を貰った。高等科二年の卒業式の時、一番の私が皆の褒賞を受け取るはずと思ったのに、女子の一番の人が呼ばれた。何故か、不公平だな!と思って腹が立った。貰った男子一番の一等賞の褒賞も何もかも学校の前のどぶの中に投げ捨てた。そうすると、腹の立っていたのがスーッとした。

自分では、癇癪持ちでなく、継母にもよく仕えて合わせてきたが、この時はどういうものか、無性に腹が立った。私は、公けの正しいことに対しての不正は許せない気持ちが強いようである。

公けの不正を是正するには、多くの人の協力が必要である。(二〇一一・一一・三)

91　真理の探究を一生続けたいと思った時

小豆島　銚子の滝

いったい何が真理なのか――哲学科に入った理由――

戦前は政治が二大政党間の争いで、国会が十分に国政を司り、日本の国を平和な、政治、経済的に安定した国にできず、その間を縫って軍部が台頭し、軍部の圧力で日米戦争に走ったということを歴史家から聞くが、事の真偽はともかくとして、私達現在八十六~九十六歳くらいまでの人は、日本国を救う一心で若い命を、特攻隊に入り、国に捧げた。私は海軍の予備学生の試験を、当時の国立大学の学生の多くに交わって受けて、五人に一人くらいの割合でパスした。

考えてみると、日本の多くの秀才達が特攻隊に入ったわけである。戦死は私達の学校（久里浜にあった対潜学校）だけでも、三千人の卒業生中二千人ぐらい戦死した。二人乗りの小型潜水艦（前半部は魚雷である）に乗って、敵の戦艦に体当たりする特攻隊である。国を守るために死ぬことは当たり前と思っていた。

昭和二十年の初めにアメリカは原子爆弾を作り、広島と長崎に落とした。その威力は大砲の威力の何百倍、何千倍もあったということであった。広島や長崎が一瞬にして炎に包まれ、何十万人の市民が殺され、家は吹っ飛んでしまった。

弾丸も、小銃の弾さえ事欠く日本には全く勝ち目はなく、昭和二十年八月十五日、天皇陛下のラジオ放送があるというので、将兵一同、練兵場へ集まった。なんだか女の人の上ずったような声が聞こえてきたが、よく解らなかった。中隊長の説明では、天皇陛下が敗戦を宣告されたということであった。

戦前、戦中を通じて、誰かが「天皇陛下」と言うと、皆が直立不動の姿勢をとることを強制されていたが、その天皇陛下が敗戦を宣告されたのである。天皇陛下の名の下に海軍の特攻隊にもなり、日本を守るのに命を捨てていたのが、日本が敗れたと天皇陛下によって宣告されたことについて、若い特攻隊員であった私はこれをどう解釈し、どう考えたらいいのか解らなかった。

神国日本は必ず勝つ、と軍部の人が言っていた。だが、現実は、日本がアメリカに負けた。世界情勢に詳しければ、日本が負けることは予想されたのであろうが、神国日本を信じ、教育を受けた若い私には、日本が敗れたことは人生の大きな挫折であった。

戦後が始まると、日本は神国日本から急転回して、社会主義、共産主義、民主主義が台頭してきた。日本的精神主義、神国という宗教の国が、がらりと唯物主義に変わった。

私は、日本人の宗教、世界観は空思想が根底にあるので、ヨーロッパや中国等とは違って、何でも受け入れ対応できると思っている。戦前の神国思想、宗教の国から唯物的社会主義、共産主義が台頭しても、それを十分受け入れ、こなしていける広さを持っていると思う。戦後、戦勝国アメリカの民主主義を受け入れて、唯物論やそれを背景にした科学がアジアの中でも最も早く発達し、台頭し、多くのノーベル賞学者が物理学の分野から出てきたのも、日本的世界観が背景にあって、勢いよく動いていたせいだと思われる。

若い学生であった、しかも海軍特攻隊として、神国日本を信じていた私は、世の中はいったい普遍的真理があるのだろうかと深く考えるようになった。一時は憂鬱にもなった。普遍的真理があるかどうかを確かめるには、真理の本体である神と一体となれる修行と、真理を探究する哲学を大学で学ぼうと決心した。

修行と坐行

二十四歳から十年間、特に初めの五年間は（法母お代様をとおして）御神言があり、『今から一週間断食をして、毎日、般若心経を一日に二百巻あげよ』という御神言があると、否応なしにその日から朝・昼・晩、一膳の重湯とお茶一杯を日に三回、その他の時間は御神前で朝六時～夜六時までの間に、約五時間、びくともしないで坐禅瞑想をする。三時間位すると、腰、首が固まって全身が痛くて我慢できないようになる。それをじーっと我慢してひたすら坐っていて、三時間過ぎると、或る時は五時間くらい過ぎると、身体の外に、自分のもう一つの体――霊体が身体から抜け出て拡がっていく。そうすると、痛みの塊のような自分が痛みから解放され、自分が坐っているのが、上から、あるいは上からも横からも見える。見る自分は、肉体ではない、霊体に属する目で見ている。肉体の目では一方向に百三十度位の視野でしか見えない。後ろは見えない。ところが霊視は、四方八方が明らかに見える。霊的次元で一歩進化したことになる。物理的次元の時空に制約されない、物理的次元に属さない霊の目は、過去のことも未来のこともみえる。

霊視経験ではじめて強烈であり、印象に残っているのは、よく引き合いに出すが、播磨のお寺での、朝方、弁慶のような僧兵の霊に囲まれ、意識ははっきりしているのに、金縛りに遭い、身動きができない時、仰臥している頭の後ろ、足の方、側二方向にいる僧兵六人が同時にみえたことである。四方八方が同時にみえるのが霊視の大きな特徴である。そして現在の僧ではない、六百五十年以上も過去の人びと、そしてそのお寺に関係のある、縁のある霊の霊体である。

では、霊視は時空に制約されないなら、何百年も前の人間の霊もみえるかといわれると、はっきりみることができると思う。

未来をみることができるかというと、はっきりみえる時もあるが、こういう大変なことが起きる、という程度にしか解らない時もある。今年の元旦に、瞑想して今年のことを神様に伺うと、『今年は、世界にも、日本にも、大変なことが起きる。よく祈れ』という御神言があった。世界中、特にヨーロッパでは経済のことで大きな変化がみられる。いい方向に結果が生じることをお祈りしている。

日本では三陸の大地震、大津波が生じ、自然災害と原発の損傷で、現地の人々の生活、日本の経済に大きな損害と、人びとの生活に大きな傷跡を残した。これがもしアメリカで起きたら、暴動、略奪等が生じ、社会情勢に不安、人びとの心にも不安が生じたであろうが、日本では略奪、暴動は一切起こらず、人びとは未来に向けて立ち上がり、他県への移住、災害地の復興に向けて早速に働いている。

こういう時、政府や東電の原発の設計、施工者は、当然、想定外のことと逃げを打たないで、正面から復興に取り組み、設計者、施工者、東電のこれに関わった責任者は当然責任を負って復興に努力すると共に、正当な処罰も受けるべきであろう。何か「想定外」として責任逃れがまかり横行し過ぎるように思う。それを許して黙っているのも、日本人の性質なのであろう。これは日本人の負の面かもしれない。

（二〇一一・一一・五）

海軍予備学生として入隊時の著者（満 19 歳）

一生の仕事が終わって（行の要点と目的）

神様から戴いた二つの仕事、①は、人びとに魂のあることを、科学的方法を使って、間接的ではあるが、客観的に証明する。

②は、魂は人間存在の根源であり、魂なしには自分の身体を創ることもできない。魂は肉体の死後は霊界に移り、そこで霊界での生活と霊的修行に励み、より高い霊的境地、さらには霊の次元を超えた、個としての自己を持たない神々の境地に至り、人びと、土地、自然の存在を支え生かしていく。つまり国、土地等の、人間や自然の存在を支え生かし、成り立たせる場所的存在として働く。生きている間に、必死の断食、瞑想等の修行によってこの境地に達すれば、生きながらにして場

所的個、覚者になり、人びと、土地、国、地球を支え生かすことになる。そのようになりたいと思って、修行と勉学に励んだ。

修行は他の本にも詳しく書いたように思うので、簡単に要点と目的を述べたい。このような簡単な叙述は、他の本を理解するのに役立つと思う。

修行は私の二十四歳頃からヨガ行を始めたが、ヨガについて書いた本は、五十年前には日本語ではほとんどなかった。英語は、ヨガのような弁証法的思考とそれを表現する専門語に乏しく、当時はサンスクリット語は東大の赤門横の研究所で習いかけたが、専門の本を読める程度には至ってなかった。幸いドイツ語訳は沢山あったので、四ッ谷駅近くのエンデルレ書店にあるのを次々と買って読んだ。『ヨーガスートラ』や、現代のヨガのグル（サッチャナンダ）の書いた本等を次々と読んで、書いてある通りに行法を始めた。日本人でヨガ行を教えてくれたのは三浦関造先生であったが、それはシッダアーサナだけで、それより進んだものは何も教えてくれなかった。あとは独訳のヨガ行の本を何冊も読み、それに従って一生懸命に、ハタヨガ、呼吸法、瞑想法を行なった。

後年、ヨガを始めて体験したこと、チャクラのことを、南インドの州立大学の学会誌「ダルシャナ」に送ると、掲載してくれたので、次第にインドで私のことが知られるようになった。

一～二年後、インドのベナレスのヒンズー大学（インドの有名な大学）からの招聘で、一ヵ月ほど、大学で超常現象とヨガの関係をEEG、脈波、GSR等の測定に基づく論文を内容として教えた。その時、大学の教師達の招きで、多くのヨガのグル達を、持っていった脳波計、GSR、脈波、皮電計等で測定して、普通人とヨガのグル達（二十～三十年行をし、教えているハタヨガ、瞑想ヨガの先生）を測定する機会を与えられたが、普通人と非常に違うところは、たとえば心拍ならば、普通人はおおよそ六十～八十のところで落ち着いていて、それより下がる、あるいは上がると、心臓が苦しくなる。また、決して心臓の動きを意志でコントロールできない。ところが、インドのヨガのグルは心臓の拍動を意思の力で0にしたり、つまり心拍を止めたり、二百にもできたりする。普通人では、自律神経によって無意識の内に自律的に動かしている心臓の働きを、意志によって自由にコントロールできる、つまり身体の各臓器、組織の働きを自由意志の力でコントロールできることである。データも沢山とったし、興味のある人は拙著『超感覚的なものとその世界』『宗教と医学』『ヨーガの東西医学による研究』等を読んでください。

また、『チャクラの覚醒と解脱』『神秘体験の種々相』等で、精神集中、瞑想（精神集中の対象との部分的融合、一致）、三昧（対象との完全な融合）とそれらの違いについて読んでください。

朝四時に起き、五～六時間、呼吸法、瞑想を行なうことを半年くらい続けた。三時間くらいすると首、腰、次第に全身が痛みの塊のようになる。痛くて何ともしようがないようになっても、唯じーっと坐っていると、坐っている自分から、自分が次第に上下左右に拡がって、坐っている自分、肉体を持った自分を上から、あるいは横からみられるようになった。こうなる前には、何ヵ月間はスシュムナを通って気のエネルギーあるいは霊的エネルギーが頭頂から上の方に抜けるのを、毎朝のように経験した。一種の法悦に入ったように思う。

ところが、半年以上経った頃、坐っている自分から、自分の魂、否、魂を超えた自分が、坐っている自分（身・心・霊よりなる）を超えて、上からも下からも、右からも左からも、視られるようになった。

ちっぽけな自分が坐っている。

この時期に肉体や霊の死ぬことを超えたのであろう。肉体、霊体の死を受け入れるようになった。超えたのであろう。

この状態は途切れたり復活したりしていたが、十年くらい後は、人間としての、霊としての個性が脱落したのであろう。何事にも捉われない、自分にも捉われない、自由な境涯に次第になったように思う。この霊的進化を、常に神様が支え、進化させてくださったことを、心から感謝申し上げている。

何れの存在次元からも、次の高い次元に飛躍するには、最後のところで神様が自分のところに降りてきて、まだ残っている或る存在次元の最後の殻、枠を打ち破ってくださって初めて、次の、より高い次元の存在、たとえば霊の世界から神々の世界への飛躍が可能である。ここで自力と他力の統合が行なわれている。或る次元での神人合一である。

このような体験を種々の存在階梯で成就して初めて、霊界の次元を超え、神々の世界で次第に高い次元の神的存在へ進化させて戴いたことを、唯々、神様のお陰と心より感謝申し上げます。

そうすると、頭で考えるのでなく、直観智が湧き、その教える通り行なうと、種々の学問、生理学、解剖学、皮膚の電気生理学、脳の解剖生理を勉強し、それらと魂との相互作用を明らかにする科学的実験法と、それに基づく新しい科学の創設、東西医学、東西の宗教の統合等の考えが次々と閃き、それが百冊以上の論文や本となった。

その間に、お宮、小豆島御本宮、根府川道場、アメリカの大学院を建て、多くの弟子、学生を導くことができた。

修行による魂の進化はすばらしい働きができるようになる。人びとの間に平和と魂の交流を得させるようにもなる。魂の目覚めによって、世界の人びとが仲良く、お互いに他を知って仲良くできる地球社会ができるであろう。（二〇一一・一一・七）

ヒンズー大学にて（1962）
（向かって左端が著者、右端はプラット博士）

私への御神言を戴いて七十三年経った今

アメリカの大学院の人事のマネージ、生命物理学の授業、ワークショップ、卒業式と、八、九、十月の三ヵ月間一生懸命働き、疲れて、日本に十月四日に帰って来ると、早速、十月二十三日にある小豆島御本宮の大祭での行事、講話のこと等、お宮の斎官、事務の人々、信者の代表達と話し合って準備を整え、十月二十一日に瀬戸内海の小豆島にある御本宮に出発した。

毎年、お宮の宮司としての務めの他に、アメリカの大学院大学の学長、宗教心理学研究所の所長として、マネージと、サトルエネルギー（経絡の気エネルギー）の研究を教授達に指導してきた。

気エネルギーが霊的エネルギーと身体の生物物理学的エネルギーとの仲介者であり、気エネルギーが或るチャクラで十分に溜まり活性化されると、霊的エネルギーに転換される。私が発明したＡＭＩで連続測定して得た、ＢＰ、ＡＰ、ＩＱのデータ（ＢＰとは、真皮内を流れる体液と、その体液の内に流れる微細エネルギーのパラメータである。ＡＭＩは二十数年前、日本、アメリカ、ヨーロッパで特許を取り、微細エネルギーを測れる世界で唯一の電気生理学的機器として認められた経絡-臓器機能測定器で、世界中の大学や研究所の研究者が次第に使うようになってきた。ＢＰは、経絡-臓器機能測定器で測れる三種のデータの内の、経絡機能のパラメータである）、ＡＰ（自律神経機能のパラメータ）、ＩＱ（免疫機能のパラメータ）について、Agent（送り手）→percipient（受け手）テスト、すなわち、霊能者が被験者の或る経穴に霊的エネルギーを送り、その被験者のＢＰ、ＡＰ、ＩＱが、エネルギーを送られる前、送っている間、送った後でどのように変化したかを、ＢＰ、ＡＰ、ＩＱのデータの統計解析（ｔ検定、χ^2による分散検定等）を行ない、分析してみると、霊的エネルギーを送られた経絡で最も気エネルギーが有意に増加した。

これらの実験結果を通して、気エネルギーは霊的エネルギーと物理化学的エネルギーの仲介者であり、自らは両エネルギーに転換する転換エネルギーであることが判明した。

本、論文も、宗教学、比較宗教学、哲学、論理学、超心理学とその電気生理学的解明、経絡の電気解剖生理学的実験証明、等々について二百以上書いた（これらは私の妻の、編集、校正、訂正等の助力なしにはできなかったと思う）。これらは初めアメリカのデューク大学の超心理学研究所での同僚であった、オランダのユトレヒト大学の心理学の教授によってオランダ語に訳され、今では世界中でヨーロッパ語の大部分、ロシア語、中国語、ギリシャ語等に訳され、インターネットで「本山博」を検索してみると、百万近い人が意見、註釈、読後感等を書いてくれているのが解る。

これも、私が十五歳の頃、今から七十年余り前に神様から、『吾子　博に、吾の教えを世界に広めさせる』という御神言を戴いたと教母、生母の二人から聞かされたが、私の一生は、神様の教え、宇宙の真理、魂の存在、カルマと再生等について一生懸命、命をかけて修行をし、多くの学問、医学、哲学、電気生理学的実験を六十年余り勉強と実験し、且つ、体験し、神様の存在、お働き、魂の存在、死後の世界、人の生命等について体験したことを元に、知る限りのことを、普遍的論理、真理を明らかにするために多くの本を書いてきた。気がついてみると、十五歳の少年は八十七歳近くになっていた。

今年の四月の終わりに、神様から戴いた御仕事がやっとすんだと思ったら、ここ五年余り、くたびれて絶えず頭の真ん中が痛かったのを我慢して一生懸命にやってきたが、急に頭の痛いのがより明らかになり、身心共に疲れ果てたという感じがして、本を読むのも考えるのも億劫でできなくなった。しようがないと思いつつ、「だけど、神様は人使いが荒いな」と思った。

七ヵ月ほど経った今はどうかというと、頭の真ん中が絶えず痛かった、しかし勉強を始めて夢中に考えたり実験したりすると、頭痛などすっかり忘れていても、仕事や実験、勉強等が終わると、頭痛と疲労が戻ってくるのがここ数年間の日常であったが、この随筆を書いて半年ほど経つと、次第に頭痛も治り、元気になってきた。生命力の強靭さ、霊力のお陰である。

これは、毎朝、経絡体操と瞑想をして、神様の御神力を頭頂のサハスラーラチャクラから戴くお陰だと、つくづく思う。命のある限り、前生で得た悟り、真理の力を今生でさらに進化さすべく、がんばりたいと強く思っている。

人間の生命力、意志力は、神様が支えてくださる限り、無尽蔵だなと思う。

（二〇一一・一一・二二）

CIHSで講義する著者（1992）

言葉を話す人間

七百万年前頃、人類の始祖が地球上に現れた。その後、何時頃からか、意味のある言葉を話し、自らの意志や考え、想念を他人に伝え、人間社会が地球の各地域で生じた。

サルの集団も、言葉ではないが、幾つかの音声の発音で集団を作り、同じ行動をするようである。生理学者、特に発生に関する研究者は、喉の形、声帯の形、機能が、人間だけに言葉を発音するのに適切な形態に進化発展しているという。サル等は、集団を組んで、ボスの幾種かの発生音で互いに、どこへ移動するか、何をするかが理解できるようであるが、人間のような言葉はもっていない。

纏まった言葉はそれぞれに意味をもち、人間は、どこの国の人間であれ、言葉をもって互いに他の人の意志、行動の目的等を理解し、社会を作るのに役立っている。社会には自由と規制が必要であるが、規制、規律は、互いに話し合って社会形成のための規制、道徳律となって、社会の平和と繁栄を保っている。

言葉が意味をもつということは、一つの文明、文化を作る基礎になっている。或る国や民族の文明や文化は、その形成過程において、その人達が住んでいる土地の風土、気候、環境の影響を大いに受けて、西洋文化、東洋文化ができているように思う。

ヨーロッパの土地は、氷河時代の終わり、温暖期（約八千年前）に入る頃、ヨーロッパ全体を覆っていた氷河が北海に流れ込む時、ヨーロッパの農業に適した表土を削り取って海に流し込んだ。そのため、ヨーロッパでは農業に適した土地が少ない。

五十年程前、デューク大学での二度目の超心理学研究所に招かれて、三ヵ月の研究が終わり、日本への帰り道で、オックスフォード大学で、初めてヨーロッパの超心理学者達で作られた会が主体となった第一回国際超心理学会に出席し、発表するためにイギリスに渡った。

一九九〇年には、イギリスから日本の私達の研究所で、超常現象が生じる時の経絡における変化、自律神経機能の変化等を研究するために、数年間滞在していたサンドラとジャッキーがロンドンに住んでいて、イギリスの大学や研究所で私達の研究所で習ったことを教えていたが、そのジャッキーが、一緒に南部イングランドをロンドンからドーバー海峡のエクスターまでついて回ってくれた。ＡＭＩを買い、ＡＭＩで経絡の研究をしている研究者のドクタ・ケンヨンとエクスター大学の招きで二、三回講演した。当時私の著書『カルマと再生』という本の英訳版がロンドンのピアトカスから出版される前金として、当時のお金で二万五千ドルに相当する金額を前払いでくれていたので、イギリス滞在中の一週間は、どこへも、運転手付きのハイヤーで行った。エクスターへ行ったときも、まわりの土地を覆っていた氷河が海へ流れ込む時表土を削ったので、土地が痩せてて農業ができないため、羊やヤギを飼う牧畜が盛んであった。

初めは、こんなに穏やかな平地なのに、農作物を育てないで、半分以上の土地を牧場に使っている理由が分からなかったが、その後地質学の勉強で、その辺りが氷河で覆われ、八千年ぐらい前の温暖期に氷河が海に流れ込む時、表土が削られて、農地に適さなくなっていることが分かった。農地が少ない理由である。

ヨーロッパでは、小さな国々にそれぞれ分かれて、食物が少なくなると、アラビア半島の砂漠地帯と同じく、異なる民族が互いに攻め合うのも、歴史的気候の変化による氷河の流れが豊穣な表土を削り取ったせいで、牧畜が盛ん、しかし食糧が少なくなると、砂漠の民族と同じように、互いに他を攻めて食糧を奪い争うことになったようだ。

或る土地に住む人間は、その風土気候によって生活の仕方が異なることが、ヨーロッパについても頷けた。

この相対する生活の仕方から、哲学で言えば、対立を元にした二元論、物と心とは違う、人間は自然を克服し、道具として使い、食糧を得ればいいという思想が生じたのであろう。この、物を道具として使う世界観が、科学を発達せしめた根本的理由である。

東洋では、たとえば日本は雨と農耕地に恵まれ、夏には水田に苗を植え、自然の日光と豊かな土地と水によって、秋には米を収穫するという、自然に融けて、自然に従って生きる生活の仕方が基本的な生活の仕方である。

自然や、他の人びと、民族と和していくのが生活の基本となっている。砂漠や、西洋のような民族間の争いは少ない。「和を以って貴しとなす」という聖徳太子の思想は、現在の日本にも、脈々として生き続けている。

この「和を以って貴しとなす」思想も、言葉がなければ、民族の人々に伝わらない。言葉、文字がいかに人間の文化、思想を作るのに基本となっているかをつくづくと感じるのである。

（二〇一一・一一・三〇）

1990年イギリス・エクスターにて

真の信仰者

私が宮司（玉光神社）になって五十五年になる。神様のお陰で、満八十五歳（間もなく八十六歳になる）の今も、元気で、毎朝起きて顔を洗うとまず経絡体操をして、その後、自分の部屋でお祈りと坐禅をして瞑想をしている。

人間という自分の枠を超えると、自由になれる。心も身体もコントロールできるようになる。僅か百年足らずしか生きられない人間は、無限の愛、智慧、創造力をもっていられる神様の支え、お守りなしには、ひと時も自分の魂は身体をもって生きられない。

また、いいことも悪いことも人間が生きている間には生じるが、これは幾世もの前生で、自分の自由意志で行なった諸々の行為が原因となってそれらが顕われて、自分にとっていいこと、悪いことが生じて、それによって次第にカルマが浄化される。

このカルマの法則は、自由意志をもつ心、霊の次元での因果法則であり、物の次元の必然的因果法則とは違うことを自覚し、自分にとってのいいことも悪いことも受け入れて、それを最後までやり遂げる。その間、常に自らのカルマを浄化し、それが他の人の生きることを助け支えることができますように、神様にお願いしながら行なうことが大切である。

そういうカルマの果は自らの行為によってつくられたもので、それを成就するように働く。全ての時、全ての事象において、神様が、それが成就し、カルマを超えた境地に導いてくださっていることを信じられる人は、何か起きても、それらを受け入れて、それらを成就することができる。このような人は、人間や霊の世界ではない、カルマを超えた世界、一つの悟りの世界に既に入っていると思われる。

そのような人は心が自由であり、人の心、自然の現象を、その内に入り、それと一つとなって、それらが成就できるように働き、同時にそれを超えている。このような人は真の信仰者であり、魂の成長が霊を超えた境位に達している人である。信者の人たちは、このような真の信仰者になってほしい。

初めは、困ったことがあり、どうにもこうにも自分たちの力では解決できない時、人は信仰に入り、その困難が解決しますように、お祈りする場合が多い。そしてそれが、人びとを助け役に立つようにお祈りしつつ行為をすると解決することを体験できると、神様の御力に触れた感じがする。そして神様を信じる。

しかし、それが何時までも続けばいいが、日が経つにつれてそれを忘れ、神様への信仰も薄れる人が多い。何時までも神様の御力を信じることができる人は、真に霊的成長ができる人であり、必ず何時かはお陰信心を超えた真の信仰を得られる。このような人は何時も、自分も家族も先祖も神様に守られて生きることを実感し、次第に人間や霊を超えた真の信仰をもつ。神人になれる。

そのような人は、個人、家族、家のカルマを解き、人びと、亡くなった先祖をも、神様の御力を戴き、カルマから解放することができる。
この世でも幸せであり、あの世でも幸せである。

（二〇一一・一二・三）

思い出すままに

子供（五～六歳）の頃、実母は信仰が厚く、よく、あちらの山の上の神様、こちらのお稲荷様、お不動様と、お参りしていた。私も母に連れられて、よく一緒に、神様、お稲荷様、大余島のお不動様へとお参りし、うろ覚えで般若心経をお唱えしたのを覚えている。

これらの幼少年の頃のこと、青年期のこと、中年、老年（八十六歳まで）のこと等、この人生で生じた、鮮明に思い出せること、私の信仰、人格形成、身体形成に影響の大きかったこと等を、思いつくままに書いてみたいと思って書き始めたのが、この『思いつくままに』である。

余島の先祖（母の里方）は、八百年余り前、讃岐の屋島（高松市から東方四キロメートルくらいの瀬戸内海に突き出た半島）で源平の合戦があった時、敗れた平氏の一族が海上を逃れ、舟で大余島に辿り着いた。当時は、余島の四つの島は、小豆島の土庄村から一キロメートルぐらい離れた沖合いにあったようである。潮が引くと、四つの島の間に砂浜ができ、土庄から歩いて渡れた。

その大余島は周囲三キロメートルぐらいの島で、一族は水田を作り米を収穫、海から海草、魚を獲って、おおよそ七百年間島で暮らしていたが、明治の初めに土庄に渡ってきた。「余島」の姓を名乗り、祖父は村の助役をつとめ、頭のいい人で、土庄の築港建設の見積り、港、ドッグ、土木工事等を一手に引き受けて業者を監督して、完成したそうである。しかし早死にしたので、私の母には小豆島郡で唯一の女学校にやってやると約束していたそうだが、祖母が女学校へやらなかったようで、それを母はとても残念に思っていたようである。

母は大余島の山頂にある竜神様の毎月のお祭りには必ずお参りし、私も、潮が引いてできた砂の道を通って大余島に着き、祭りがすむと、潮が満ちて道がなくならないうちに大急ぎで四つの島の間を渡った。

或るとき、潮が満ちかけて道が見えなくなったとき、母も私も引き返すことができず、急な流れの中を流されないように必死で渡った。満ちた潮の流れは速いので、流されて溺れないように、必死で母と二人で海の道を渡った。今思い出しても、怖かった!!と思う。満ち潮の勢いは狭い海峡では凄く速かった。

今までの一生で、特攻隊の時、耳の手術の時、この満ち潮の道を歩いた時、特に師範学校で山の木を切り倒していた時には大きな木が倒れ掛かって、友達も、ああ、高崎(父の実家の姓)は死ぬ!と思ったそうであるが、僅か三十センチくらいの距離のところへズデン!と大きな幹が倒れ、ヒュッという風が身体を包んだので、アッ、死ぬ!と思ったが、僅かの差で助かったので、その時、自然に「神様、ありがとうございます」と心の内で感謝申し上げたが、それらの時、神様は何時も守ってくださっていることを、魂の底から実感した。

(二〇一二・一・一六)

引潮時の砂の道

潮が満ちつつある砂の道

田舎のオジキ電車――海軍予備学生――

私が師範学校にいたところ、昭和十六年〜二十二年、この間に、昭和二十年に教育系の学校の兵役延期がなくなり、大学生、高等専門学校の学生が全て軍隊に入らなければならなくなった。どうせ入るなら海軍の士官になり潔く国を守る特攻隊になろうと、海軍予備学生の試験を日本中の大学生、高等専門学校生が受けた。確か五人に一人の競争率であったが、数学と物理学だけの試験であった。師範学校からは四百人受けて、私ともう一人の二人がパスしただけであった。

当時、学徒動員で、大学、高専の学生は全て軍需工場で強制的に働かされた。大砲、砲弾、機関銃等の、呉とか大阪とかの製造工場で一年近く働かされた。皆、学力は落ちて困っていた。

海軍の予備学生の試験に受かったが、子供の時から中耳炎を患っていた。

中耳炎になった原因は、漁師町に近いところにある銭湯で、夜遅く行くと、お湯はツンと鼻をつく、臭い汚いお湯であった。母が四ヵ月くらいの赤ん坊の私を連れて銭湯で身体を洗ってくれていたら、よそのおばさんが「かわいいね」とお風呂に入れてくれたが、その汚いお湯の水を両耳へ入れてしまったらしい。それから中耳炎になったが、田舎のこととて専門の耳鼻科の医者はいなくて、昔の医学専門学校出の何でも屋の医者が、鼓膜を破って中耳の膿を出してくれれば治ったかもしれないのに、それが恐くて、外耳に流れ出た膿を拭き取るだけで、外耳炎の薬を塗るだけであった。それでとうとう年中耳から膿汁の出る慢性の中耳炎となり、春がきて暖かくなると中耳炎が悪化して熱が出て、一週間ぐらい寝ていたようである。今の田舎では病院があって、専門の医者にも診てもらえるが、八十年も前の田舎には医科大学を出た専門の医者は誰もいなかった。田舎では長生きができない、一つの原因であった。

十六歳で師範学校に入り、毎年春になると中耳炎になるので、高松の耳鼻科の専門医とも親しくなった。彼は当時としては一流の岡山医大出の耳鼻科の専門医で、高松の日本赤十字病院の医長であったが、個人の病院を作って開業していたが、いい先生であった。二十歳の春頃、やはりそこへ一～二週間通った。氷上村の家から四キロメートルの田んぼ道を一時間程歩いて、田中という町の電車の駅に着いて、三十分か一時間待ってオジキ電車に乗り、三十～四十分程乗ると高松に着く。

オジキ電車というのには理由がある。その頃もうすでにその電車はオンボロで、横揺れ縦揺れ、さらに電車の車体が前方へオジギをしながら走るのである。そのオジキ電車でも、高松へ三十～四十分で着いた。自転車で、ほとんど自動車の走らない国道を、速く走っても四十分以上かかったから、やはりオジキ電車様々である。だが、空いている時もあるが、満杯の時もある。満杯の時は運転手が運転するハンドル、ブレーキのあるところに乗ると、ドアがないので、満杯で電車が揺れ人に押されると、電車から転げ落ちそうになる。

或るとき、すごく満杯で電車が揺れ、人に押されて落ちそうになったので、思わず裸の電源板につかまった。身体中を電気が走り、手が電源板に吸い付いていて離れない。満身の力を出してやっと離したが、暫くボーっとなったが、治った。あの時、もし足が地べたのように、電流の流れる地についていたら、何百か何千ボルトの電圧で身体中に電流が流れ、黒焦げになっていたであろう。足が地べたから離れて身体に電流が流れないようになっていたので、満身の力をこめて手を電源板から離すことができた。

これも、死と隣り合わせの体験であった。神様のお陰で助かったと、今これを書きながら、神様に感謝申し上げている。

オジキ電車もないと困るが、危険電源板ぐらいは遮蔽してほしいものである。田舎は、のんびりしているようだが、何がいつ起きるか分からない危険なところでもある。

海軍に入隊する時は、部落の人が四十〜五十人、このオジキ電車の田中駅まで、四キロメートル程の道を歩いて見送ってくれた。

たとえ父親の出身地であっても、私が部落（長楽寺部落。昔、五百年程前、土佐（高知県）の長宗我部が愛媛から讃岐に攻め込んできた時、長楽寺という寺があったが、これやあちこちの寺を焼いて人々を恐れさせたようである）に入るには、三ヵ月程部落の仕事、たとえば道普請、井手（小さな川のような水路。田んぼに水を入れるために部落で作った水路）の補修作業等をさせられて、やっと部落民になることができた。高崎（父親の里）は部落の長をしていたが、それでも、部落に受け入れてもらうには、三ヵ月部落の仕事をしなければならなかった。それだけ、部落民の結束は固かった。田舎の家は藁葺きの家がほとんどで、四十〜五十年に一度は藁葺きをやり変えねばならない。その時は部落の人が四十〜五十人、屋根の藁をのける、下ろす、新しい藁の束を縄にしばって上げる、これらが全て部落民の四十〜五十人がそれぞれの作業を分担して、やっと一日〜二日かかりで仕上げる。部落民の結束がないと、このような作業はできない。

また、田舎では家を何代も続けることが部落にとって重要である。それは、部落の仕事の各部分を各家が受け継ぎ、全体が纏まって仕上がる仕事が多いからである。田舎では部落に受け入れられないと生活ができない。一つの共同体である。

海軍の予備学生として入隊する時、オンボロ、オジキ電車の駅まで、部落の主だった人々が送ってくれたのも、私が部落民であるからであった。本当に田舎では共同作業なしには暮らせない面が多い。

だが、苦手なのは、村の鎮守の八幡様のお祭りには、当番に当たった部落の若者が矛、盾、長刀、旗を一人一人が持って練り歩くことであった。なんとなく気恥ずかしくて困ったものである。

この部落から、横須賀の海軍兵学校の分校、対潜学校（敵の潜水艦の音波を受信して、爆雷を射撃するための専門の学校）に入る時も、部落民の主な人々がオジキ電車の田中駅まで送ってくれた。部落民の勤めなのであろう。

昭和二十年八月十五日に、天皇の決断で、日本はアメリカに降伏した。そのお陰で、八月三十日近くには讃岐の部落の家に帰れた。その時は、オジキ電車の田中駅まで誰も迎えには来てくれなかったが、一週間くらいして、大地主の大西さんの家の大広間（?）で歓迎会の夕食をご馳走してくれた。

ところが、ご馳走というのは小川で獲れたドジョウの味噌汁であった。ドジョウが白い腹をひっ繰り返してぷかぷか浮いているドジョウ汁はやはり気持ちが悪くて、あまり飲めなかった。田舎では蛋白質を摂る機会が少ない。ウナギかドジョウくらいしかない。一年に一度くらい、キイキイ鳴く豚を二、三人で抑えつけて、専門の豚の殺し屋が鋭い短刀で豚の心臓を一刺しで殺す。それを腑分けして、肉を切り取り、食べるのだが、キイキイ鳴き喚いた豚を思い出して、今でもあまり食べられない。これは田舎の弱みそに属するのであろう。

（二〇一二・一・一七）

オジキ電車

弘法の滝、ＡＭＩ、経絡の科学的発見の土台

土庄から五キロメートルぐらい離れた山中部落からさらに三キロメートルぐらい山道を歩くと、山の中に高さ五メートルぐらいの所から、山中の川の水を樋を伝って落ちる人工の滝が、滝行の修行者のために作られてあった。春から夏、秋にかけて、教母（本山キヌエ）と実母（余島シズエ）、母二人は私（五〜六歳）を連れて、よく滝行に出かけた。

小学校に入る前だから、満六歳にはなっていなかったが、山中の滝行に行った時、「お前も滝に打たれるように」と言われて、滝壺（深さ五十センチ〜一メートル位）の中に点々とある飛び石を渡って、滝の下に立った。頭を真っ直ぐにする

と、頭頂に落ちる滝水で頭は割れるように痛い。さらに耳、鼻、目、顔のあらゆる穴の中へ水は容赦なく入ってくるので、息ができない。滝壺が深いので飛び込めない。肩に滝水を浴びながら、死ぬ思いでやっと飛び石を伝って壺の外に出た。よくまあこんな滝行が、月に三～四回も山中の滝に来てできるものだな、と思った。

二、三回滝行に連れられて来た時、教母が、頭頂でなく、額で滝水を受けると、水が四方に飛び散って鼻には入らぬから、楽に滝水を浴びられる、と教えてくれたので、その通りにすると、額に五メートルの高さから落ちる水が当たって四方に飛び散り、楽に滝行ができた。初めから教えてくれればいいのに！と思ったが、やはり行法にも種々の経験が必要なのだと思った。それは二十歳頃に断食の行をしていた時に思ったことである。

行の最中はなんでも夢中になってすることが大切。それによって行の全体を体験できる。そして、体験によって得られた智慧に基づいて、正しい正確な行法と智慧が得られる。

学問でも何事も、新しいことを創造していくには、まず夢中になって行ずる。そして、行そのものによって体験した智慧が、次の一歩を確実に踏み出す智慧をもたらしてくれる。

同じことが、学問や、新しい発見につながる実験についても言える。

大学や大学院で既成の学問の道、智慧、実験法を学び、その範囲内で知識を豊富にするだけでは、新しい学問、真理に一歩、より近づく学問、実験法は創り出せない。

しかし新しい学問、実験法は、既成の学問、実験法をよく学び、自分が考えていること、体験していることが、既成の学問の論理、実験法によってどれだけ解明できるかをよく知ることが大切である。その上で、既成の学問、方法ではできないことが解ると、自分の対象とするものを実験で確かめるにはどうすればいいか、が自然と直観的に解ってくる。

ＡＭＩ（体液の流れる脈路について実測できる装置）

今でもそうだが、皮膚の電気生理学は、皮膚の二点間に直流を流して電流値を測定する。低周波をかけてＣ成分、直流成分も測定するといっても、ほとんど表皮内の電流値であった。

卵子と精子の結合後、三層の胚葉に分かれるが、その三層の内の外胚葉より表皮が発達し、中胚葉より真皮層が生じる。

電気生理学でよく使うＧＳＲ測定器は、表皮内を流れる電流を測る。これに対し、私の発明、発見したＡＭＩ（**A**pparatus for measuring the function of **M**eridian and **I**nternal organ corresponding the meridian）は、三Ｖの矩形波を皮膚の二点間にかけると、矩形波の立ち上がり部分は周波数が五〜十メガサイクルある、速い電位、電流変化を測る。1／2πfc これは、まず、真皮基底膜とその上下にある水の層からなるコンデンサの抵抗を一気に流れて、真皮内の水の層を流れる電流値ＢＰ（Before Polarization）と、コンデンサをかけた電圧と逆向きの電位、電流で満たす電位、電流の変化を測る測定器である。

このＡＭＩの発明によって、真皮内を流れる水のチャンネル、それが古来から言われてきた経絡の脈路と同じであることも、種々の実験によって証明した。これは画期的な発見である。現代医学は、四百年前の、死刑囚の生体の腑分けから発達した解剖学と、その生体組織の解剖、生理、遂には細胞にまで発達して、それらに基づく生理病理学は大いに医療に役立っている。

しかし、生体は六〇パーセントが体液（水分）からなっており、その脈路、生理的作用については現代医学はほとんど注意を払わず、それらについて研究する学者、研究者を疎外してきた。

私の発明したＡＭＩは、体液の流れ、作用を明らかにし、医療（東洋医学）では世界中で利用されるようになった。これらの研究者を集めて、人体の体液学会のような学会を国際的規模で作りたいと思っている。賛同者も国際的に増えてきたように思う。

五～六歳の頃の滝行で、どうすれば楽に長く滝行をできるか、そして滝水と一つになれるかの体験と智慧が、身体の体液の流れ、生体への作用、医療を見出して、ＡＭＩ、経絡の科学的発見をする土台となったように思う。

新しい発見は、常に、真摯な実践と体験と智慧によって得られるように思う。

（二〇一二・一・一九）

継母の根性

六年生の頃、継母の照子さんが見えて一年余りの時、ちょうど縁側にいて、柿の実がよく実っているので、どれを取ろうかなと思っていた。照子さんが座敷の八畳にムカデがいるのをみつけて、箒で縁側の方へ掃き出しつつ、「気をつけて」と声をかけてくれたので、障子の後に避けた。縁側は半間ぐらいの奥行きで、一間半ぐらいの幅があり、その真ん中に座っていたが、びっくりして横の方の障子の蔭に避けた。

照子さんが勢いよくムカデを箒で縁側へ掃き出すと、私の足にムカデがぴったりとくっついた。大慌てで足を振り動かしてひっついたムカデを振り落とそうとしたが、ムカデもこりゃ大変と、百足の足で私の足にしがみついて離れない。噛むのには、びっくりしたのであろう、噛まなかった。五分くらい足を振り続けて、やっとムカデを振り落とした。

その後種々なことがあったが、昭和二十年五月に、それまでは教育系の学校、大学は卒業を延期してくれていたが、戦争は負け戦になったので、延期はなくなり、皆一斉に兵隊にとられることになった。

どうせ死ぬなら特攻隊になろうと思って、海軍の予備学生の試験を受けたら、五人に一人の率で受かった。特攻隊に入るので、部落の人が四十人余り、四キロメートルの田舎道を歩いて電車の乗り場まで送ってくれた。照子さんは来なかった。

半年余りで、戦争に負け、皆、なんということだ！と思いつつ、それぞれ郷里に帰った。部落の人は四～五人迎えに来てくれたが、出征する時の見送りとは全く違う、冷たい感じがした。多分、わしらを散々苦しめた軍隊のやつが戻ってきやがった、という感じである。照子さんはもちろん迎えに来てくれなかった。家に帰ってしばらく、私が十八歳の時に建てた十五坪の家で家族一緒に暮らしたが、次第に〝死ねばよかったのに！〟という冷たい心根が感じられ、これが継母の本当の根性なのだなと思った。

私の建てた家で二番目の弟が生まれたが、家の中が、皆で仲良く暮らし、潤いができるといいなと思って、「潤（うるお）」と名前の札を書いて丸めた。父親、母親、私、義弟の勲の家族四人で、それぞれに新しく生まれた子につけたい名前を紙に書き、その紙を丸めて盆に入れて机の上に置いた。それらを家長である父親が稲藁の三十センチぐらいに切ったものでぐるぐると回して、ひっかかった紙に書いてある名前をつけるのが、讃岐の田舎の風習である。ぐるぐる藁を動かしてひっかかったのが、私が書いた「潤」という名であった。

潤は私によくなついてくれた。照子さんは潤を誰よりも「うるお、うるお」と言って抱いて歩いていた。よほど可愛いかったのであろう。その潤が四歳の時に、私が特攻隊にいたとき、亡くなった。

照子さんの悲しみも大きかったように思う。潤が亡くなった原因の一つは、私が十九歳で、中耳炎の根治手術をして病院に入院していた時、照子さんが潤をおんぶして見舞いに来てくれた。その時、潤が二階へ上がる急な階段を上から下まで落ちた。頭が少しへこんだようだったが、田舎のこととて、専門の医者もいなくて、二、三日のうちに元通りになったので、そのままにしていた。今でも、それが一つの原因で潤が死んだのかもしれないと、悲しい、自責の念が残っている。

その手術の後、半年ぐらいの間に耳の根治手術を四回受けた。子供（生後四ヵ月）の時、銭湯でよそのおばさんが「可愛いね、私にお風呂に入れさせて」というので、母親がその人に渡すと、風呂に入れて、汚い銭湯の湯水を耳に入れたらしい。それ以来、十九歳になるまで、中耳炎で絶えず臭い汁が両耳から出ていた。これも私のカルマなのであろう。四回目の手術は、当時高松の日赤病院で耳鼻科の医長をしていた専門医が、五時間程かけて、耳の後ろの骨の腐った所をノミと金槌で削り取った。戦争中で、全身麻酔薬がなく、部分麻酔で四十分くらいしか効かないので、効かなくなる前に頭も身体もぐるぐる回って気が遠くなり、意識がなくなりかけると麻酔薬を打って、それを何回も繰り返して、やっと五時間くらいで手術が終わった。

手術は成功のようで、耳から汁が出るのも止まり、耳の後ろの骨がなくなって皮だけ縫い付けたところもつながって、今までになく頭がすっきりしてきた。長い間、中耳炎で、耳も頭も全身も変調をきたしていたのであろう。

師範学校は、小学校の教師を養成する学校で、ドイツ語も哲学も教科になかったが、ドイツ語の勉強をして、受持ちの先生が東京文理大で習った教育学のドイツ語の原書を読めるようになった。やはり嬉しかった。夜の自習の時間にそのドイツ語の原書を読んでいると、数学の教師で、師範学校を出た後、高師に行かないで、独学で師範学校を教える資格を取って母校の師範学校に教師として戻ってきた人で、私が何もしないのに目の敵にして、あれこれよく文句を言った人が、夜私がドイツ語の原書の教育学の本（東京文理大の教育学のテキスト）を読んでいると、舎監として各部屋を回っていたのか、私のところへつかつかと来たが、私の読んでいるのがドイツ語の原書であるのを見ると、早々に引き上げてしまった。変なやつ！　と思ったが、優秀な数学の教師であった。

数学の時間で、微積分の初歩を習っている時、問題を出して生徒に次々と答えさせるが、答えられないと、そのまま立たせておいて、次々と正しい答えを言わすのだが、大抵私のところへ来ると正解の答えをするので、立っていた皆も座ることができた。数学の教師には少し変なのが多いのかもしれないなと思った。というのは、他の数学の教師にも似たような人がいた。数学理論で頭が一杯で、感情、情感というのが欠けているのかもしれない。

師範学校が専門学校になってからは、哲学や論理学の授業ができて楽しかった。私が東京文理大の哲学に入りたいと言うと、教師の中には賛成する人となんとなく反対する人がいたように思う。哲学関係の教師は好意をもって見てくれたが、舎監長をしていた工作の先生は不機嫌な顔をしていたように思う。

狭い四国では、学校一つ選ぶにも、賛成派、不賛成派ができて、態度が変わるのには少し驚いた。

継母の継子いじめも、人間の自然の本能なのであろう。

（二〇一二・一・二〇）

著者が 18 歳で建てた家（撮影は 2000 年）

水晶山へ行く

小学校の一年生位の頃だと思う。福田の水晶山には水晶が生えているというのを聞いて、見てみたい！と思った。福田まで、田舎道で二十～二十五キロメートルもある。小学校へあがる前に、実母が、実母の兄の八百屋の売り子の手伝いに、大阪へよく行っていた。その時、伯父さんが十八インチの自転車を買ってくれて、小豆島まで持って帰った。島のガキどもがうらやましがって、一銭やるから、一時間、どこそこまで乗って行くから自転車を貸してくれ、と言う。それで結構小遣いができていたように思う。

儲かった小遣い五銭位を持って、もう一人の友達と一緒に福田に行った。はっきり覚えていないが、朝八時～九時頃出て、先ず六キロメートル位先の池田小学校の前にさしかかると、自分達の学校の者でないやつが自転車で道を走っているというので、五～六人の生徒、それも五～六年生のでかいやつが、「止まれ！」と言った。つかまったら損だと思って、全速力でやつらのど真ん中を走りぬけた。ガキどもは大慌てで飛びのいたのを尻目に、道を走り続けた。

池田から福田まで、坂道が三～四キロメートル続くのを、やっとたどり着いた時はもう一時近かった。地元のおばさんに聞くと、あの山のてっぺんに水晶が生えていると言う。山の高さは三百～四百メートルで、結構高い。道のない山を一生懸命に登って、言われた山頂に着いたら、生えてる、生えてる。六角形のくもり水晶が五～六本、ニョキニョキと生えている。「とうとうみつけた」と思う嬉しさが一杯。同時に疲れが出たので、水晶の傍に腰を下ろし、水晶を眺めた。やり遂げたことで、嬉しさと安心とが心に一杯になった。

十分位休んだ後、水晶をどうやって採ろうかと思ったが、道具は何も持ってきてないので、そこらにある小さな岩を見つけて、それを二、三つ取って水晶にぶつけるが、なかなか採れない。最後に横から岩を殴りつけると、一本の水晶が採れた。そのやり方で四～五本採ったように思う。

そうすると、腹がクークーいって猛烈に腹が減っているのに気づき、水晶五～六本を持って、三百メートルの山を駆けるようにして下り、下にうどん屋があったので、自転車で儲けた小遣いでうどんを二～三杯食べたように思う。うどん屋のおばさんが、土庄からなんでこんな所へ来たのかと聞くから、水晶を見たくて自転車で来たと言うと、あきれたような顔をして、同時に感心したような顔をしたように記憶している。

帰り道はどう帰ったのか忘れたが、持って帰った水晶を宝のようにして家に置いていた。それが、どこでなくしたのか、土庄の余島の家や玉光教会のあった赤穂屋の家を探してもみつからなかった。今でも、それを思うとがっかりである。

それで、店で福田の山で採った水晶と同じ位なのを買って、今でも井の頭の家の棚に置いてある。

何でも、やり遂げるには、勇気と度胸と智恵が要るように思う。

（二〇一二・一・三）

小豆島

水晶山

山犬に追いかけられる（ダケ山）
小豆島では山犬をライオンの声で追い散らす

小学三年の頃、讃岐の田舎の長楽寺の父親の生まれた主屋へ、両親の不仲を元戻りにするためという理由で、夏の三ヵ月の間送られ、百姓仕事を手伝わされた。重いものを運ぶ。二十〜三十メートル離れた井戸からバケツに水を汲んで風呂桶に入れる。麦わらに火をつけて燃やして風呂を焚く。すぐ燃えてしまうので、付ききりで三十〜四十分はかかったように思う。重労働であったが、よく耐えたように思う。

その頃のことだと思うが、近所の親戚の従兄弟達と四〜五人で、氷上の部落から

155　山犬に追いかけられる（ダケ山）小豆島では山犬をライオンの声で追い散らす

六キロメートル位離れた奥山のダケ山にシメジを採りに行った。山が深くて、木が鬱蒼と茂って、山肌は草で覆われ、湿っていた。そういうところに黄シメジの茸がところどころに群生していた。

山の林は木が一杯で薄暗く、急な斜面であった。夢中で採って竹篭におおよそ一杯採った頃、下山しかけると、急に山犬の声がして、後ろを見ると四～五匹の大きな山犬がワンワン吠えながら、私達を目がけて噛み付くために駆け下りてくる。もう夢中で、急な、道のない、茸が生え、木が生えている斜面を、採って篭に一杯になった茸を篭ごと捨てて逃げ下りたが、大きい山犬が執拗に追いかけてくる。山の下の細い道まで一目散で逃げたが、次第に犬に追いつかれてきた。

ところが、道の右端にお墓がたくさんあり、そこの焼き場で死体の焼け残りを犬が見つけてカリカリ食べかけ、追ってくるのを止めた。やっと人家のあるところまで逃げたが、恐かった！心臓がドキドキして、暫く動けなかった。三年生で、まだ大きな山犬に対抗できるような力も体力もなかった時であったから、命拾いをした。神様のお蔭である。

長じて時々思うのだが、神様は危ない時には必ず助けてくださるが、なぜ何回も何回も危ない目に遭わすのだろうかと思うのである。死を乗り越えるための訓練なのであろう。人間は何時でも死と隣り合わせであることを自覚させるためなのであろうと思う。

五年生の時チフスになって、土庄の山の中の避病院に入れられた。その当時は抗生物質もなかったから、疫痢、チフスの患者は町から四キロメートルも離れた避病院に入れられ、昨日は隣の病人が死んだ、という日が繰り返された。

ところが私は、重湯を茶碗に一杯、日に三回飲むだけの食事で、二十日余り経つと寝返りもできぬほど体力が衰え、骨と皮と筋だけの骸骨のようになった。それでも退院ができ、最初一週間は寝返りの練習、次は部屋の壁に伝って歩く練習、次の二週間は杖をついて庭を歩く練習、三ヵ月ほど経って杖をついて下の町まで行けるようになった。

157　山犬に追いかけられる（ダケ山）小豆島では山犬をライオンの声で追い散らす

とにかく、死ぬ間際から生き返ることが今までに三～四回はあったように思う。最後は、心臓発作でマウイ島から小さな救急飛行機でホノルルへ飛び、翌朝六時から心臓のバイパス手術をして、やっと助かった。命を落としかけたのは、山犬に追いかけられた時ばかりではない。だが、山犬に追いかけられて必死に逃げた体験は、生々しく思い出す。恐かったね!!

山犬が墓場で死体をボリボリ噛む音も、今に耳に残っている。

二回目に山犬に出くわしたのは、小豆島の御本宮が出来て、十年余り後のことである。

長女の泰子が五～六歳の夏の頃だと思う。下の部落か赤穂屋かへ行っての帰りで、ちょうどお宮の下の職員宿舎に差し掛かったとき、社務所の横辺りの山道を山犬の大きいのが四～五匹、ワンワンと吠えながら、私達目がけて駆け下りてきた。

咄嗟に泰子を後ろにかばって、ライオンの吼える声で「ワオー!」と吼えると、山犬たちは算をみだして横飛びに両側の畑の中へ飛び込んだが、一匹は足をくじいたのか、キャンキャン吠えながら逃げていった。

山犬たちは本能的にライオンの大きな吼え声が恐かったのであろう。何事でも、咄嗟に判断することが大切である。山犬たちはライオンの声を知らないであろうが、本能的に自分たちより大きなやつと判断したのであろう。危険が迫っても、何事も、瞬時に判断して対処し、乗り越えることが大切である。

これは、朝行で丹田に生命力を集め、それを瞬時に働かせる、行のお蔭と思う。声が腹の底から出て響くのである。その声に山犬がびっくりしたのであろう。

（二〇一二・一・二二）

159　山犬に追いかけられる（ダケ山）小豆島では山犬をライオンの声で追い散らす

小豆島御本宮宿舎横の山道

場所的個としての聖者

何か難しい内容の言葉のように聞こえるが、神様のような人、と思えばよい。

断食の行、水行等を通じて、肉体への執着を離れ、百時間くらいぶっ続けの瞑想を行なって、五～十年と経つうちに、次第に人間や魂の存在の枠を超えられるようになる。これも一生や二生でできるわけでもない。何生もかかるのが普通である。一度人間を超えた高い広い存在、一つの神になると、この世を救う使命があれば、この世に出てくる。

この人間存在の枠を超えた聖者は、一つの大きな場所である。そこに人や自然、魂とその世界が支えられ、助けられ、生かされて存在している。こういう聖者はやさしくて、偉そうには見えない。全く普通の人と同じ姿、形をしている。寝て、起きて、食べて、時折り断食をして、働いているが、いつでも人や自然、社会を支え生かしていることには変わりはない。これが場所的存在である。これは人間を超えた人や神様にはその実体が見えるが、普通の人には全く唯の人間にしか見えない。

場所的個としての聖者は、何千年昔のことも、未来のことも、現在のことも、その根底からみてよく知っている。やはり一種の神様なのであろう。仏陀、キリスト等、多くの聖者がこの世に生まれて、人や自然を正しく導いてこられたように思う。

人間は、自分を超えて、こういう神性の領域に達しうる可能性を全ての人がもっている。それが人間である。サルには全くこういう進化はできない。サルが人間に進化することもない。

（二〇一二・一・二六）

場所的個

ヘーゲルの弁証法（dialectic）も、正反合の三つの存在、あるいは要素をもっている。西田の場所も、個々のものを含む、という。そして場所の自己否定によって個々のものが生じる、という。逆も可能であると推測される。

しかし、両者共に、場所あるいは合と個々のものの共存について説明するが、場所的個についての説明も言葉もない。

ヘーゲルでは、正反合も全て、観念的思索の結果の産物である。西田は『善の研究』で純粋経験を説くが、これは自己の禅の修行における、対象との一致の経験に基づくのであろう。それが、思索の結果、全てを包む絶対無の概念に達したのであろう。

絶対者の境位に達した個と絶対者との関係については、何も説明していない。これは、本人が実際に修行を通じて絶対者——無の境位に達した経験がないためであろう。

修行を通じて絶対者、創造者の境位に達した者は、自然に、場所的個、すなわち場所でもあり個でもある、多重次元の存在であることを自覚できる。

長年の場所的個としての働きと存在性を、経験に基づいて、次に書いてみよう。

断食の行十日間、朝昼晩コップ一杯の水だけを摂る。初めの三日間が、空腹と、夜寝られないので、坐っていてもくたくたにくたびれて、よく瞑想ができない。ところが、普通三日目頃になると、それまでは四時起床、朝六時から三時間坐るのに、くたびれて坐るのが精一杯で、身体中、首、肩、腰が特に痛かったように思うが、その疲れて痛い痛いと思う自分から自分の魂が抜け出て、坐っている肉体の自分を、上から横から見られるようになる。

それが毎日何ヵ月か続くと、横に坐っている人々とその魂、前生をみられるようになる。そして、お宮を越えて井の頭公園、吉祥寺周辺の町村を越えて、それらを包み支える場所になっている。日本をも包む大きな場所的存在になっている。すると、今年は日本にどんなことが起きるかということも解るようになる。

信仰とは、神を信じ、神と、人間の立場に降りてくださった神と一つになることから始まり、自分の殻、人間の枠が破れるのに応じて魂が進化し、神に近づきうる。

神に近づく程、大きな場所となり、人びと、土地、自然を支え生かす。同時に、一人の身体をもった人間としても生きる。この身体をもった人間になったのは、高い魂のままでは、普通の人間には見ることも触れることもできないからである。人間となって、人間と交わり、人間の社会に住んで、人々を導くことができる。

神様も同じことをして人間を導いている。しかし神様は、魂の次元、神々の次元、神の次元に同時に存在する多重次元の存在である。聖者も同じく、多重次元の存在である。

人間はサルや獣、鳥等と違って、この多重次元の存在性を潜在的にもっていて、魂の高い次元での存在を次第に顕現しうる可能性を、修行によって実現できる。

ここに、人間とサル等との本質的決定的違いがある。サルが人間に進化することはありえない。全て、神によって、それぞれの霊的次元で存在次元が決められている。一つの存在次元のものが、環境に順応して発達はできるが、進化はできないように思う。

神が人間を創った時、人間は場所的個になりうる可能性をもって創られたように思う。

（二〇一二・一・二〇～一・二七）

思い出すまま——実母のこと、養母のこと、自分のこと

実母（余島シズエ）のこと

子供の時、母親が父によく殴られたり、なんでもないのに怒られたりしていた。大人になって、妻をもらい、子供ができ、信者さん達の家庭の家族の揉め事等を聞いて相談に乗って、それを解決する方法を、信者の前生に由来するものか、今生のものか、解決はどうすればいいかを神様に伺いながら話して、皆さんが仲良く家庭を保つことができるのを見聞きしている間に、子供の時の父親の乱暴は、母が岡山の方へ父と結婚する前に嫁に行き、母のことだから真面目に一生懸命働き、養父母にも孝行を尽したと思うのに、その前夫の母親が、家で何かなくなったのを母のせ

いだと責めたらしい。身に覚えがないのにひどく責められるので、正しいことのみを心がけて一生を過ごした母の性格上それを受け入れられず、泥棒扱いされたので、自ら離婚して帰ってきた。そして土庄の郵便局に勤めて、祖母との生活費を得ていたのであろう。その土庄郵便局の局長代理の父が、美人の母を見初めて結婚を申し込み、初めて結婚したのであろう。

父にとっては母が、岡山の嫁ぎ先で前夫と仲良くしていたのを感じ取り、嫉妬のあまり、感情の激しい人だから、短刀で斬ったりしたようである。おろおろしながら、四歳くらいの私はじーっとみつめるより仕方がなかった。

父にいじめられてばかりいた母は、生来信心深い人であったので、先祖のいた余島の龍王様、与九郎のお稲荷様と、よくお参りに行って、私を連れて行った。

ある日、その与九郎のお稲荷様の境内の鳥居のところで、私の養母となった本山キヌエ（ちょうど霊が下がって、いったい何が生じたのか解らず、養母の母に連れられて与九郎の稲荷のところに来たところであった）にめぐり会い、お互いに喜び合った。

養母（本山キヌエ）のこと

山口の貧しい百姓の家では、当時は、百姓一家は長男に後を継がすと、二男、三男は町へ働きに出し、そこでそれぞれ一人前になって一家を作って生活をするのがならわしであり、娘たちは紡績工場のようなところで女工にして働かし、親が金（十年間で二百円ぐらい）を貰うか、女郎に出して、身体を売って金を稼ぐか、させたようである。小豆島でも同じであった。

養母は大阪に出て、普通の人には解らない屈辱と辛抱をして働いていたが、小豆島に紡績工場ができて人が集まるというので、大阪から小豆島に来て働き、定住するつもりであったが、散々苦労して稼いだ金を山口の両親に届け、本当に孝行な人であった。しかし、あまり苦労して身体も病気になり、意を決して、双子の浦の崖（高さ五十メートル）から身を投げた。

ちょうど、山口から、母親が娘を案じて小豆島へ来ていた。娘も母親への孝行のために母親を小豆島へ呼んで一緒に住んでいた。ところが、母親は近ごろ娘の挙動がどうもおかしいので気をつけていたが、家から見えなくなったので、すぐ表へ出て、娘が足早に行くのを後から追って行った。双子の浦に登ったので、遅れじと丘を登りきった時、十メートルも離れてない崖の淵から娘が海を目がけて飛び込んだ。母親はへたへたと座り込んでしまった。

ところが不思議なことに、前かがみに飛び込んだ娘が宙に浮いて仰向けになり、崖の上にドサッと落ちてきた。あまりの不思議に呆然としたが、気を取り直して娘のところに駆け寄り、介抱した。その間に娘には、『吾は天津神なり。汝の孝行にめでて命を助け、これより後は吾の代人として、世と人びとを導かしめん』という神の声が空中より聞こえた。それ以来、多くの霊が養母に下がり、それがどういうものか解らないので、与九郎の稲荷、八幡様に祖母が連れてお参りし、「どうぞ娘をまともにしてください」とお祈りしていた。

ちょうど与九郎のお稲荷さんにお参りに来た時、私の実母と女の霊能者に会い、その人に伺ってもらうと、「孝行にめでて、人びとを導くために、高い神様がお下がりになっている」ということであった。

その後は、神様のお言いつけのままに、今日は滝行、明日は海中で宙に浮いて二~三時間もお祈りというふうに、荒行が始まり、五年間、神様の命じるままに毎日修行を続けた。夜中に四百メートルの皇踏山に登る。頂上近くは五十メートルくらいの垂直の崖で、どうやって登ったのか解らないが、頂上にいる自分が般若心経を唱え続けている自分に気がつくことが多かった。

このような神様の御指示のままに修行をしたが、常に清光先生（私の実母）も一緒であったようである。

その間、五~六歳の私は置いていかれて、家の中で朝から晩まで一人でいることが多く、ご飯もおかずも自分で作って、一人で食べることが多かった。私自身も、五~六歳の子供の頃から、生きるのに大変であった。

六歳頃から、二人の母に連れられて滝行、山登り、頂上の山の神にお参りした。母達が三～五時、山の中に坐って般若心経をあげるのに、まあ、一時間はついてゆけたが、後は山の中をあちこちと歩き回った。大きな蛇に遭ったこともある。

子供も大変であった。しかし、根性が曲がらず、真っ直ぐ神様に向いて信仰をもち続けられたのは、やはり神様のお力である。しかし時々、神様ってひどいな！と、神様を恨む気持ちもむらむらと起きた。

神様に命をかけてついてゆくのは、決して楽ではなかった。しかし、感覚では見えないもの、聞こえない霊の世界、神様の世界をみられる霊眼が、次第に、知らず知らずのうちに養われたように思う。

それが今は人助け、社会助けの霊力として働いている。（二〇一二・一・二七）

人間、未熟だが不思議な存在 ── 進化する魂 ──

人間に生まれる時 ── 誕生の時 ── の状態を知らないで、生まれる。人間なのか、男なのか女なのかを、意識の上では全く知らないで、自覚なしに生まれる。三~四歳までは自分と親、他人との区別が判然としない。四歳過ぎると、次第に、自分と他人とが違う、自分は自分であることに気づく。そして、自分が人間であり、外に自然の世界があることに気づく。

これから五つの感覚器官で外界から入ってくる信号を感覚─知覚し、概念をつくる。この概念化はサルにはできない。さらに人間は、言葉を作り、対象についての知覚、概念、さらにそれらについての普遍的知識を作る。皿といえば、丸い皿、三角、四角の皿、軽い皿、重い皿、美しい皿等の、皿の概念に入るものを包む。さらに、皿を作った材料、製造を知り、皿を作ることを学ぶ。

具体的事象の直接の知覚表象から抽象化を進め、概念―言語を作る。このようにして作られた概念―言語は、さらに抽象的思想の形成において、抽象化された概念同士を結びつけられる。「赤い皿」「机」の二つの概念を結びつけて、「机の上にある赤い皿」と表現できる。ここに、感覚による知覚に基づく具体的認識が生じる。

具象的表現（概念）は、抽象化されると一、二……と数字になる。「一つの机の上にある、五つの皿」という表現ができる。

しかし他人の心の内容を知覚できない。ここに、感覚に基づく物の認識の限界がある。

現在の科学は、感覚、とくに視覚に基づく知覚―概念の統合によって基本的に成り立つ。視覚の範囲、深さを、電子顕微鏡で遂に電子や原子核を構成するクォーク（quark）の世界にまで達した。今のところ、それより先には進めない。クォークが最終の粒子とされている。そのクォークが結合して原子核をつくり、その周りを電子が回り、物質の原子ができている。

原子は、基本的には引力の法則に従って、その質量、エネルギーのプラスとマイナスの量が釣り合うように、いかなる原子、分子も統合され、それらが相集まって多くの物質を作っている。そこには引力の法則が必然的に働き、物質は全てこの必然的法則に従って構成されている。

ところが、心、魂は、この必然的引力の法則に従わない。心、魂をコントロールし、存在せしめるのは、有限な自由である。

これについて、次に考えてみよう。

神は絶対の自由性である、とヘーゲルが言ったように思う。

絶対に何ものにも束縛、制限されない、完全な自由なものは、存在という枠をもたないもの、換言すると、無ということになる。キリスト教、イスラム教の神様であっても、存在する唯一神である、と互いに主張するが、イスラム教とキリスト教は常に争っている。二百年か三百年か続いた中世のクルセードも、イスラムとキリスト教の争いである。

宗教間の争いは、根が絶対の神にあるために、執拗に続く。平和、共存を説く宗教が常に何百年も争うのは全く奇妙なことであるが、事実である。それは、キリスト教もイスラムも、唯一神、つまり存在性をもつ神を祀る故である。神も、存在する以上、有限性を免れない。これが争いを起こす根本原因である。

深く大きい天地創造の神であっても、存在である以上、有限性をもつ。これは人間のものとは比較にならぬが、有限には違いない。有限である以上、必ず亡びる時がくる。これは宇宙の消滅をもたらす。

人間も、宇宙よりはるかに小さく、有限である。肉体は百歳も生きれば長生きである。

魂はどうであろうか。

魂も、人間の魂という存在の枠をもつ以上、亡びる。──今までに、魂の亡びる例を二度経験したことがある。肉体が死ぬのと違って、身震いがする程恐ろしい、真っ黒な底のない淵の中へ落ち込んでいく魂を見て、凍りつくように動けなくなり、恐かった。自分の存在が消えてなくなる程恐ろしく、身震いがした。唯々、神様にお縋りして、やっとその経験から離れられた。魂の死は恐い!!

しかし人間の魂は、サルや犬、動物、生物の命と違って、神様が進化をするように創造してくださっている。自分の感情、想念に執われて、死後、その執われから離れられず、自らを他の魂、存在、神様からも、その執われの殻によって自分を外している魂――地獄の魂――は、それに気づくまで何百年、何千年も霊界の下界で自ら地獄をつくり、そこで苦しんでいる。

しかし、気がついて自らを自覚し、それを反省して、自己を否定し、上へ昇ることを始めると、魂の次元の階梯を昇り、魂と神々の世界の境に達する。

この境の壁を破ることは、魂を否定して、完全に今までの枠をもった魂から自由にならないと壁を通れない。魂の存在性を破るには、魂の自己否定――瞑想、全てのものを愛によって支え生かす祈りによって、自己否定が完成される。

魂の完全な自己否定は、初めは自律的自己否定の行 ── 断食、瞑想の行を、最終の階梯になると神様の高い御神力が入ってきて、今までの存在の枠をもつ自己を完全に打ち破ってくださる。すると、突然、あるいは徐々に、今の存在次元とは違った、魂の枠を超えた、全ての人々、土地、地球の魂を明らかに霊視し、そこに神力によって飛翔できる。この瞬間から、神々の一つの神になる。

皆の人々、自然の魂を霊視し、それによって生まれ、生かされている人々、土地の魂をはっきり霊視できる。自らも、土地の神、人々の神になったのである。

以上で、人間の、土地、自然、人々を支え生かす一つの神に進化する人間の魂の過程を、簡単に述べた。

人間の魂は、進化する魂である。


（二〇一二・一・三〇）

行によって、人間は欲望に満ちた殻を破って自由になり、土地、人々を支え生かすことができ、しかも、同時に、全くこれらから離れた高い境地に場所として存在しうる

断食の行、滝行。山中の、登山と頂上でのお祈り。一日中山頂の山の神を祀った小さなお堂で般若心経をあげる。

行の形、種類は種々あるけれども、目的は、人間という存在の枠、殻を破って、より自由な、大きな、深い高い存在となって、土地、そこに住んでいる人々、自然を、高い次元から、同時に土地、人々の次元に下って、それぞれに守り、支え生かすことにある。

行によって、人間は欲望に満ちた殻を破って自由になり、土地、人々を支え生かすことができ、しかも、同時に、全くこれらから離れた高い境地に場所として存在しうる

人間がこのような働きをするのは、親が子を育てる時である。親は、赤ん坊がお腹が空いて泣いているのか、うんこが出て気持ちが悪くて泣いているのか、親を見て喜んで笑っているのか、何かが心の内に湧く、感じられて笑っているのか、何か目に見えないものに怯えているのか、恐がっているのか、赤ん坊は何も言えないが、どうして笑うのか、泣くのか、喜ぶのかが解る。そして適切に処置をする。

（二〇一二・二・二）

妻のこと

妻と結婚してよかったな！と心からずーっと思っているが、それは、私が何か頼むと、一度もそれに異論を唱えたり逆らったりせずに、それを私が考える以上に精確に実行して果たしてくれた。こんな妻をもてたことは、神様の御賜物であろう。これからも大切にして、一生を終え、神様から戴いた使命、人々を助け、支える、お祈りと行を続けたいと思う。妻がいれば、自分なりに十分にできると思う。

鎌を持ってきて、研いでほしい――十六歳の妻と初めて会ったのは、妻が母親の代わりに、今の井の頭の境内の草刈りに来た時のことである。高校へ入学して一年生の頃であったようだ。

五人の女姉妹の一番末っ子だが、三女にあたる姉と五女にあたる妻が、母親の信仰の後を継いで、今でも神様への信仰が脈々と篤く続いている。

当時のお宮の境内は武蔵野の熊笹の原野で、熊笹が人の丈よりも高く茂り、その中へ座るとすっぽりと草に覆われて、人がいるのは全然分からない。

戦争が終わり、東京へ行って大学へ入れて勉強させてくれるというので、大喜びで小豆島から東京へついて来たが、東京は戦争の後の焼け野原で、明治神宮の参道から渋谷の駅がはっきり見えた。空襲で焼け落ちた瓦礫が明治神宮の橋のところから渋谷まで累々と続いていた。

昭和二十年五月に、全ての学校の兵役延期がなくなり、軍隊にとられることになった。どうせ軍隊に入るなら、特攻隊になって国を守ろうと、純真な気持ちであった。海軍予備学生の試験を受けて、受かった。久里浜の対潜学校（海軍兵学校の分校）に入学した。

僅か三ヵ月経った八月十五日に、日本はアメリカに対し降伏の意を伝え、敗戦国となり、アメリカ兵等が井の頭公園に日本の女の子を連れて、公園のベンチに毛布を敷いて大っぴらにセックスをする光景も見られた。私は特攻隊でずいぶんと鍛えられていたので、アメリカ兵をぶん殴りたいと腕がむずむずするのを、お宮の害になる、沖縄へ三年間の強制労働に送られる、などを考えて、今、勉強が三年間できなくなる、三年間の空白ができると、一番勉強ができる時が抜けてしまう、お宮の許可が取り消されることにもなりかねない、と思い、井の頭公園の中は歩かず、井の頭線井の頭公園駅の方へ遠回りしたこともある。主に公園中央の橋を通らず、歩くときには、池の尻の道を上に上って吉祥寺へ行った。

終戦後の敗戦国は、食糧も配給では十分の食糧もない。そこで、中央線を立川で南武線に乗り換え、稲城の百姓の家へ、月に二斗～三斗のお米を買出しに母達と三人で出かけ、私が四十～五十キログラムの米を担いで、南武線、中央線に乗って吉祥寺のお宮まで帰ってきた。

勉強は夢中でした。哲学の、シェリングの自由論他、ドイツ語の原書で夢中で読んだ。

　東京文理科大学哲学科教授の下村寅太郎先生がロンドンでの国際学会で講演者に選ばれたから、先生の「数理哲学」の論文をドイツ語に訳した。下村先生が無事ロンドンでの学会発表、学会誌への掲載も終えて帰られたとき、二〜三人の助手や私を神田の蕎麦屋のまつやへ招待していただいたが、蕎麦がとてもおいしかった。

　ちょうどこの頃、十六歳であった妻とお宮で巡り会った。恥ずかしそうにして鎌を出して、切れなくなったから砥石で研いでくれ、ということらしいので、念入りに研いで待っていたが、なかなか来ないので、草の上に鎌を置いて、皆のお禊（境内のお掃除）している所へ行った。妻の話では、鎌を受け取りに行くと、草の上に放ったらかしてあるので、おかしな人と思ったらしい。

　その後一年、二年と会うごとに、この子は私の大和の斑鳩の時代の妃であったのだと、はっきり自覚できるようになり、妻が教育大に入った頃から親しく話すようになった。妻も前生のことを思い出して、嫁になりたい、私も嫁にしたい、と思うようになったようである。待つこと一～二年であったが、前生のことを思い出してくれてよかったと思う。

　教育大の大学院に進み、どこかの高校で教えていたようだが、嫁に来てからは一切自分の欲を捨てて、唯ひたすら、子供の教育と家事に専念してくれた。

　生母の清光先生は、神様が『吾子　博に吾の道を後世に伝えさせせむ』とおっしゃったから、博は一生独身で通すべきなのに、妻が誘惑したと思って、妻に事毎に辛く当たっていたように思う。気性の激しい人だから、とても井の頭では同居できないと思い、小平に土地を買い、十五坪の家を建てて、長男とそこに住まわせた。十日に一度の帰宅である。新婚所帯早々別居で、十日に一度の帰宅は私にも妻にも大変だったように思う。生活費も十分にあげられず、自分の母親から毎月いくらか貰っていたようである。よく辛抱してくれたと思う。

　小平にいた時、嬉しかったことは、長男（今は或る大学院の教授）がちょうど満一歳になった時、井の頭から帰ると玄関に出てきて、「オトーサン」と呼んでくれたのがとても嬉しかった。妻や子供のために、また、おばあちゃん二人とお宮のためにがんばらなければならないと、強く思った。

あれから早や五十一年経つ。月日の経つのは早いものである。その短い間に、神様のお教えを、哲学と皮膚の生理学に纏めて、今では国際的に「本山哲学」の研究で、アメリカに創立した大学院大学（ＣＩＨＳ）では十人近い博士ができた。神様のお教えが国際的に哲学として拡がりつつあるのは、有り難いことである。

しかし、私の本はほとんど全ては妻が、本の内容をよく理解した上で、文章を整え、本の体裁にしてくれたお蔭で本になった。英語に訳してくれたのは長友（アメリカのテンプル大学の教授）であるが、百冊余のうち約三十冊、それが次々と三十五ヵ国で訳された。ドイツ語、スペイン語、オランダ語、イタリア語、ギリシャ語、ポルトガル語等である。

神様が教えてくださった真理は、どこの国の人間にも通じる、普遍的なものなのだな！と実感している。

（二〇一二・二・四〜五）

日本の医者とアメリカの医者

シーボルト達、オランダ、ドイツの医者が長崎に来て医学を教えると同時に、医者対患者の立場を固く守り、医者が患者を下において扱ったのが、日本には依然として残っている。必ず患者は医者を、ヤブでも名医でも「先生」と呼ぶ。医者は患者を「何々さん」と呼ぶ。

ところが、アメリカのデューク大学から招聘されて、五十年前に研究所の所員(助教授)となったが、歯医者に行ったら、看護婦さんが「Dr. Motoyama」と呼んだので、診察室に入ると、医者も「Dr. Motoyama」と呼んで、丁寧に診察してくれた。

日本とアメリカではずいぶんと医者対患者の関係が違うのだな、アメリカの民主主義というか、皆が平等の立場に付き合うのが基本なのだなと思って、大いに感心した。

人間が職業に執われず、互いに「何々さん」と呼び合うのも気持ちがいいものである。親しみを感じやすいものである。

（二〇一二・二・五）

天気過敏症 ——経絡体操——

子供の頃からどうも、気候の変化や、曇か雨か、日和によって身体の調子がなんとなく過敏で、調子が悪くなる。今日も雨で、なんとなく胃の調子が悪い。かといって、食欲がなくなるわけでもなく、普通に食べるが、気分が優れない、そう思いつつ、これを書いている。

子供の頃、冬から春になる移行期には必ず胃が悪くなり、一週間ぐらいあまり食べられず、寝てばかりいた。気候・気圧の変化に過敏な体質なのであろう。

身体全体が不安定で、胃が悪くなるのが毎年であった。それが二十歳頃から、ヨガの体操を自分なりに工夫して、体液が身体全体をよく流れるようにしたら、季節の変わり目や雨の日にも不安定にならなくなった。身体全体を隈なく体液が流れることは、全身の健康にとって重要であることが自覚された。

今は、身体全体を体液がよく流れる経絡体操を信者や会員の人達に教えて、私のように自律神経過敏症、不安定症の人も皆よくなっているようである。ただし、それぞれに、自分ではどこに体液が滞り、そこが冷たくなる、痛くなると自覚のある人は、そこの部分を体液がよく流れるように工夫することが大切である。コツは、そこをゆっくり廻す、上半身ならまず両手の指、手首、肘、肩の関節をゆっくり廻すことである。その方法はＩＡＲＰ（国際宗教・超心理学会）に入って、正しく習ってください。

私も今は数え年八十八歳、満八十六歳だが、医者も皆さんが「元気ですね」と言ってくれるし、病気にならない。身体の体液を滞りなく廻す経絡体操を皆さんもやってみてください。

（二〇一二・二・六）

年が寄ったら日本食がよくなった

年が寄ると（満八十六歳になった）、自然に、子供の時から食べている米のご飯、漬物、魚、とくにイワシがとてもおいしくなった。

アメリカにいても自然に、カールスバットからサンディエゴ、ラホヤの日本食品店へ行って買って日本食を食べる。するとなぜか身心共に落ち着く。

こういう経験をすると、自分は日本人だなと思う。多分、考え方も日本人なのであろう。


（二〇一二・二・六）

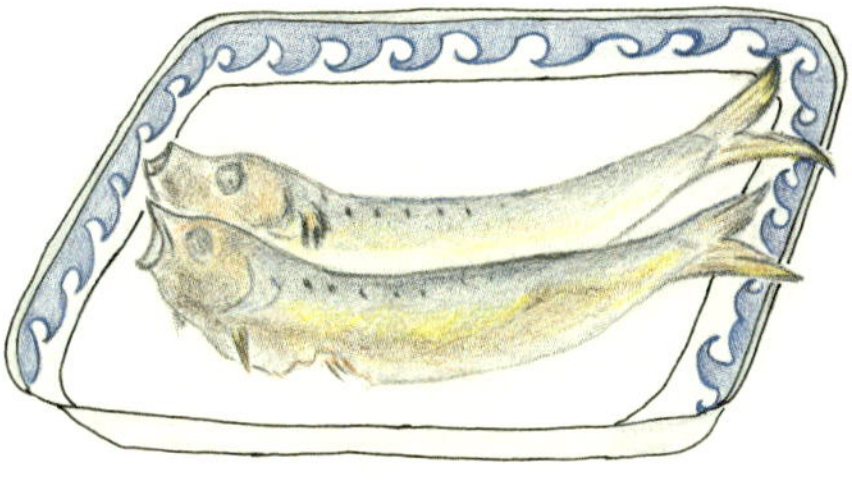

人間、このはかないもの

（有意義に生き、人々の支えになっただろうか）

昨日、国際医療福祉大学三田病院で北島先生（十八年ほど前に、慶應義塾大学病院で私の胃癌の手術をしてくれた方）に、胃に巣くっているピロリ菌を殺す抗生剤を処方してもらい、貰ってきたが、看護婦さんに手続きしてもらっている時、私が八十六歳だと知ると、「お元気ですね」と言ってくれた。有り難いと思うと同時に、看護婦さん達は多くの患者に接して、八十六歳というと、あまり元気でない、よぼよぼしている、というイメージがあるらしい。たったの八十六～百年しか生きられない人間と思うと、はかないものだな！と思った。

しかし、歩んできた人生を振り返ってみて、お宮を建て、神様から『十五条の御神訓』を戴き、一生懸命に神様の御意志のままに生き、信者の人々、さらには後の人々に生きる目標と勇気を与えることができただろうか、と思うのである。

もしそうできたのなら、八十六年の短い一生でも、意義があって、よかったと思う。

（二〇一二・二・七）

お寺のギンナン

五～六歳の頃か、小学校へ入る前後の思い出である。

小豆島の土庄の西光寺という寺の広い庭に、大きなイチョウの木がある。去年、小豆島の玉光神社御本宮の大祭の後に西光寺に寄ってみた。イチョウの木は、相変わらず、お寺の参道の門を背景にすると、参道の左側に大きく聳えている。

この太い幹は、大人が二人でやっと手が合わさる程の大きさで、四メートルくらいの高さに太い枝が左右に出ているが、そこまでは枝がない。子供（五～六歳）の時とあまり変わっていないように思える。この太い幹を、四～五メートルの高さの枝までどうやって登ったのかな？と思いつつ、その傍を通った。

てっぺん近くまで登ってギンナンの実をズボン、上着のポケット一杯に採っていると、たいてい、私より四～五歳年上のお寺の小僧が洗濯の棒を持ってきて叩くので、上へ上へと登った。

小僧があきらめてお寺の家の中へ戻ると、ギンナンの実をポケットに詰めたまま、大急ぎで滑り下りて山門のところへ走って行くが、時々、小僧が見つけて洗濯棒を持って追いかけてくる。幸い、一度も叩かれたことはない。

山門は四～五段の石段の上にあり、鐘楼の紐がぶら下がっている。お遍路さんがお参りする時、必ず紐を引っ張ってゴーン！と大きな釣鐘を鳴らして参道に下りる。その参道を走って鐘楼の紐に飛びつき、四～五段下の道まで、高さ一・五メートル、幅四～五メートルの鐘楼の門のタタキを一気に飛び下りる。目指すところは、お寺の土塀（三十～五十メートル）の切れたところにある、せんべい屋である。

というのは、せんべい屋に私の同級生がいた。彼はどういうものか、算数が苦手で、私がよく教えてあげていた。小学一～二年生の先生と生徒である。教えてあげると、父親のせんべい焼き屋のおじさんが、小学一年の家庭教師である私に、せんべいを焼く時に型からはみ出た、種々な形をしたせんべいを、紙袋に一杯くれた。そのせんべい焼きのおじさんのところへギンナンを持っていくと、せんべいを焼く型の外側にギンナンの実を置いて焼いてくれる。熱々のギンナンの実はなかなかうまかったように思うが、もう八十年も前のことで、味はどうだったか忘れた。

このお寺のギンナンの木のてっぺん近くに、寺の小坊主の洗濯棒を逃れてよじ登るのも、スリルがあって一つの冒険であったが、小坊主のいない間には、するすると太い幹を滑り下りる。これも、去年その幹を見ながら、どうやって枝のない太い幹をよじ登ったり滑り下りたのだろうと思った。一つの冒険であった。せんべいのくず、ギンナンの実、どちらもうまかったように思う。

実母の清光先生はとても厳しかったので、外でしていることを話すと、隣のおばさんを呼んできて、私の尻を出して、パチパチ叩いただろうと思う。あまり子供へのしつけが厳しいと、子供は外で何をするか分からないところがある。
しかし、人に対して悪いことは決してしなかった。母親のしつけのお蔭である。

（二〇一二・二・七）

イチョウの木とビワの実

小学校一年の時の終了式では、六十三人のクラスの内、成績が十六番で、十五番までの三等賞にも入らなかった。お寺のギンナンのイチョウの木に登ったり、冬は山に登ったり、夏は家から一キロメートル近くの浜まで素裸で走っていって一日中泳いだりで、勉強は少しもしなかった。

一年の時、土庄村のお医者さんの塀に囲まれた家の庭に入り込んで、そこに生えているビワの実をむしっては、一生懸命に食べた。おいしいので、止められなかった。その頃、電話のある家は、土庄の町でも数える程しかなかった。お医者さんの奥さんが学校へ電話で訳を話すと、受持ちの先生がすっ飛んできて、私の首根っこを掴まえて二百メートルくらい先の学校まで連れて行き、校長先生の部屋に立てられた。

夕方まで四時間くらい立てらされた。校長先生は「なにか悪いことをしたのかね」とにこにこしながら言うので、帰してくれるのかと思ったら、そのままにして、戻って来なかった。

受持ちの先生は、十年ぐらい経って私が師範学校の二～三年になっていたとき、高松の栗林公園で会ったが、数人の女学生と楽しそうにバレーボールをしていた。私を校長先生の部屋に立てらしたこと等、みじんも覚えていない様子であった。した人というのはそんなものなのであろう。しかし、された人間は何時までも覚えていて、心の傷になっているように思う。

よく心して人と付き合うことが大切である。


（二〇一二・二・七）

祖父に、堆肥の藁と牛の糞を混ぜさせられる

小学校三年の一学期に、家庭の事情からであろう、香川県氷上村長楽寺という部落の農家の、父の実家へ独りで遺られた。

田舎の百姓の子供達と付き合うのは初めぎごちなく、ガキ大将になってから皆が付いてくるようになった。ところが、近所の子供を泣かして困るという苦情が祖父の耳に入ったらしく、それからは農作業、百姓仕事を押し付けられるようになった。外にやらない、ということであろう。

その一コマとして、米を作るには堆肥を五～六月に稲の横に撒いていかなければならない。その堆肥は一・八メートル位の高さに、豚の糞、牛の糞を藁と混ぜて作

る。混ぜるには、人間の足で踏むわけである。

その堆肥の上に上ると、梯子を取って下りられないようにして、半日ぐらい藁と豚の糞とを足で踏んで混ぜる。もちろんパンツ一つの素裸でする。鼻も口も耳も、孔という孔は糞だらけになる。臭いのと、なんでこんなことをしなければいけないのかと情けなく、涙が自然にポロポロと出てきたが、下ろしてくれない。ガキ大将で、近所の子供を泣かした償いなのであろう。

それがすむと、バッカンサナダ（麦稈真田）を紡いで五メートル以上の紐にする。それを巻き上げてカンカン帽子を作るのであるが、遊ぶ暇がない。そこで、ガキ大将の威厳をもって、近所の女の子三～四人に藁を編むのを二メートルずつ担当させて、遊びまわった。しかし近所の子供は泣かさなかった。祖父はその後怒らないで、堆肥の上には上げなかった。

しかし、豚や牛の腸にいるギョウチュウだか回虫だかの卵がフンの中に混じっていて、腹がしょっちゅう痛かったが、医者にもかかれなかった。田舎の生活はのんびりしているように見えるが、皆忙しく働いて、割り当てができないと、怒られるか、ご飯を食べにくかった。

友達で悪いやつも皆子分になったが、彼らは二十歳前後には傷害事件を起こして、警察に入れられたのも二人ほどいた。

いろいろなことがあったが、そんなに拗《ねじ》けないで真っ直ぐに正直に生きられた力は、神様から戴いたと思う。この真っ直ぐ生きる性格が、後に、真理とは何かを考えさせる土台となったのであろう。

だが、仲の悪い夫婦の子供は不幸せである。夫婦は仲良くすることが、子供を正しく育てる秘訣である。


（二〇一二・二・八）

203　祖父に、堆肥の藁と牛の糞を混ぜさせられる

お寺のギンナンと、せんべい屋（五〜六歳）、薬屋のおばさん（セミ獲り）

土庄町の東の漁師町の近くに、西光寺という真言宗のお寺がある。その境内に大きなイチョウの木があり、ギンナンの実がよく実る。木の幹の太さは、大人二人の手で抱える程ある。去年も、小豆島の御本宮大祭の後で西光寺にお参りに行った。昔ながらの本堂、境内、ギンナンの木、入り口の小門には鐘楼がある。

両親共に昼間はいない。父は郵便局、母は「すみや旅館」の手伝いで、夜しか帰ってこない。小遣いは一週間に一〜二銭くれるだけなので、飴玉五つ買うと一銭がパーである。

幼稚園、一年生の頃はよくお寺の塀の横にあるせんべい焼きの店に行った。同級生のせんべい屋の子が算数ができないので、学校で罰によく立たされていたように思う。女の先生であったが、きつい性格で、算数の問題を黒板に書いて、一番前左側の机に座っている生徒に答えさして、できないと、後ろの席の生徒に次々と答えさす。十人くらい立てるのが普通であったようだ。

私のところへきて、正しい答えをすると、私も前の立っているのも座ってよろしいことになる。そこで一年生の私が、せんべい屋の子のように、算数のできない子に時々教えてやる。

すると、やさしいせんべい屋のおじさんが、せんべいの型からはみ出た妙ちきりんな形をしたせんべいを、授業料の代わりに紙袋に一杯くれる。小遣いが少なくて、何かお菓子が欲しい私にはありがたい、もってこいの間食である。

せんべい屋の隣がお寺の境内である。小学一〜二年頃は、学校が午前中にすむと、昼からはただ遊ぶしか用がない。そこで、ギンナンのなる時はお寺のイチョウの木に登って、ギンナンをポケットにねじこみ下りてくると、お寺の小僧が竹竿を持って待ち構えていて、追いかけて叩きに来る。叩かれるようなヘマをしたことがない。

素早くあちこちの木の間をくぐって山門まで逃げてくると、鐘つきの紐がぶら下がっている。山門の石畳の上に飛び上がって鐘つきの紐に飛びつき、門の外へ飛び下りる。すると、ゴーン！と鐘がなる。後は一目散でせんべい屋へ逃げ込んで、ギンナンをせんべい焼きの金板の上に乗せて焼いてもらって、焼きたてのギンナンを食べる。なかなかおいしかったように思う。おじさんにもおすそ分けしたように思う。

幼稚園、小学一〜二年までは土庄の東の漁師町近くに住んでいたので、ギンナンのなる季節には毎日のようにギンナンの木に登って実を採る。ギンナンの採れない季節には、母親に、「海へ行って、晩のおかずの貝を拾っておいで」と言われて、余島の方か、淵崎村の八幡山の下の海まで、潮が引くと貝を掘りに行った。子供の時から貝掘りの名人だったように思う。

アサリは砂地にいるが、オノ貝（東京で言うミル貝）は三十センチくらい土中に隠れていて、水管を海の土の表面に出して、潮とその中に含まれているプランクトンを吸い込むための穴が開いている。その穴は五ミリぐらいしかない、ひょうたん型である。海の底の土には無数の穴、丸い穴、三角、四角等、種々な穴があいているが、オノ貝の水管の穴は独特のひょうたん型で、そこを持ってきたスキで五センチぐらい掘り返すと、ほとんど的中してオノ貝をみつけた。

村の村長さんの弟の奥さんがオノ貝が好きらしく、「ひろしさん、オノ貝を掘ってきておくれ」と言うので、小さなバケツに一杯掘って持って行くと、五銭くれた。買うと二十銭以上すると思うが、心の中で、奥さんは少々けちんぼだなと思った。

いずれにしても、小学一〜二年の頃は、放課後、海へ行ける時は海へ、山へ行ける時は山へ行った。山では時々、蛇、とくにマムシがいるので、用心して登らないといけない。

夏山へ登るのは目的がある。お寺から続いている表通りにある薬屋のおばさん（五十～六十歳位、お化粧してべっぴんに見えた）が、弱虫の孫（私より二つくらい小さい）に、山でアブラゼミ、ミンミンゼミを獲ってきてくれと言うので、空マッチ箱を四つ～五つポケットに入れて、土庄の島で一番高い高見山（百五十～二百メートルの高さ）へ登る。道なき道を登って、てっぺん近くに来ると、アブラゼミ、ミンミンゼミがしきりに鳴いている。二メートルくらいの竹竿の先にトリモチをつけたのを、セミに悟られないように近づけると、たいてい、セミはパッと飛んで逃げる。まあ、間抜けなセミはいないわけである。

やっとの思いで二～三匹獲ってマッチ箱に入れて、薬屋に行き、おばさんに渡すと、薬を買うと時々くれるおまけをくれた。それでも珍しく、それで三～四日は遊んだように思う。コマとか竹トンボのようなものである。お菓子は一度もくれなかったように思う。

（二〇一二・二・九）

現在の西光寺のギンナンの木

デニスのこと（いつまでも魂の弟子）

デニスがＣＩＨＳを訪問し、スタッフと写した記念写真を送ってくれた。彼はもう三十年来のカナダ人の弟子で、忠実な弟子の一人である。私のどの本を読んでみえたのか、忘れた。

彼の住んでいる所は、カナダとアメリカの国境近くのバンクーバーである。一度、招かれて行ったが、温暖な気候であった。

二十年ほど前、デニス一家がハワイ・マウイ島の家に来た時には、ほっそりして美男子であった。写真のデニスは中年太りに太っているのに、年月が経ったのを思う。

デニス（中央）とCIHSスタッフ（2012年2月6日）

　バンクーバーに行ったときデニスが、よくシャチが沖を通るという海へ、船で見物に連れて行ってくれた。せいぜい五十トンくらいの船で、シャチの通る沖合いへ出た。暫くすると、シャチの群れが波を立てて船の傍を二十頭余り（？）泳いで通り過ぎた。船と同じくらいの大きさで、ぶつかったら大変だと思ったが、ザ～ザ～と波を立てて泳いでいった。

　シャチを五～十メートル近くで見たのは初めてである。彼らはイワシの大群を追いかけて、大きな口をあけて数十匹のイワシを一度に飲み込み、エラのところから潮水だけを吐き出すそうであるが、なに、この世界も弱肉強食なのだな！と思った。

シャチが通るのは、バンクーバーと対岸の島との間であったように思うが、実にのんびりとした所である。カナダは日本の二十倍以上の面積の所に、日本と同じくらいの人口である。

アメリカ合衆国との国境近くまでドライブしたとき、デニスが、せいぜい二～三キロくらいの国境の向こうを指して、“Over there, bad guys. Here,good guys!”と言った。カナダでは、アメリカのように、なんとか成功しようと人々が押し合いへし合いしているのと違って、国土は広いし、ゆったりしていると言う。とくに太平洋岸のバンクーバーは冬でも温暖であるらしい。彼の家も敷地が広く、家もゆったりして、冬は床暖房で暖かいそうである。

彼は船でのシャチ見物だけでなく、ヘリコプターでロッキー山脈の標高三千メートルの高所に連れて行ってくれた。一寸平らになった山頂の一角で昼の弁当を食べたが、ロッキーの山々が南北に遠く連なり、雄大であった。

四～五日経って、急に、バンクーバーのホテルで私の講演会（テーマは「カルマと再生」）を開きたいと言う。新聞にでも広告を出したのかと聞くと、昨日出したと言う。そして、何人くらい人が集まるのかと尋ねると、間違いなく自分の家族の四人は集まると言う。いかにもデニスらしいが、やれやれと思った。

当日ホテルへ、午後二時から始まるというので、十五分くらい前にデニスの車で着いた。すると、会場の、五十人ぐらい入る小ホールから人びとが廊下まで溢れており、私たちを見て、笑いながら手をパチパチ叩いて歓迎してくれた。デニスが、百人入れる所を今借り直しているというので、暫くロビーで待っていると、百人以上人が来たので、今百五十人のホールを借り直し移っていると言う。いかにも土地が広い、人間が少ない、資源がある、生活には困らない、時間にはこだわらないカナダ人だな！と思った。

彼は旅行が好きで、奥さんと、ほとんど世界中を旅行している。今回南カリフォルニアに来たので、ＣＩＨＳ（大学院）を再訪し、総務副部長の馬場君達が大学院設立目的や実験設備、研究内容などの説明をして校舎を案内したらしい（デニスは今までにも過去数回ＣＩＨＳを訪れている）。一週間もすれば、またどこかへ行くのであろう。私達日本人のようにこせこせしていなくて、カナダ大陸のような人間である。

こせこせしないで、自分の仕事に熱中しつつ、それから離れて見られるゆとりのある人間になると、自分の小さな存在の枠を超えて自分を見、人間を超えた世界に入れるようになる。

（二〇一二・二・九）

ガキ大将

小学校一～二年のころは、放課後は土庄の町か、海、山でよく遊んだように思う。裏の友達の家へも行ってよく遊んだ。やっちゃん（安子）という一歳年下の可愛い女の子ともよく遊んだ。何をして遊んだか忘れたが、石けりやなわとびのようであった。飛び上がって二回ほど縄を足の下で回すのも、よく競争したように思う。その頃はガキ大将ではなかった。

ところが小学校三年の時、両親が私を、父親の里の讃岐の田舎（氷上村）の高崎家へ送った。理由はよく解らないが、私がいない方がよかったらしい。

氷上へ来ると、村の百姓の子が学校の帰りに途中の道で待ち伏せしてけんかをしかけるので、けんかをした。百姓の子は、日頃から力仕事をしているので、力が強い。その上、多勢に無勢で、組み伏せられて殴られることもあった。

そこで或る日、ナイフを出して、「やるか！」と怒鳴って、一人の手を軽く切ったように思う。皆は散り散りに逃げた。

すると、次の日から、けんか相手の同級生ばかりでなく、上級生も、私が通ると、かしこまって道端に列をつくってじーっとしている。田舎のどん百姓のガキどもめ！と思った。危ない奴、強い奴にはすぐ降伏する。「何くそ！」と最後までかかってくる奴はいない。皆よくまとまって行動する。それがないと、田舎では住めないようである。

だが、田舎の人間になるには、部落に入れてもらうにも、三ヵ月は道普請等の部落の仕事に出ないと、村八分で、部落には入れてもらえない。米を買うのも不自由、皆からは白い目で見られる。よそ者には辛い田舎である。（二〇一二・二・九）

田舎のガキ共と、祖父

三年生で氷上の父親の里へやられた時、田舎の学校の同級生が帰り道で待ち伏せしてけんかをするので、多勢に無勢で、初めは殴られ、道の上に組み伏せられたが或る日、とうとう、ナイフを出して、「切るぞ!」と脅すと、皆しゅんとなって家来になった。「弱虫め」と思った。一躍ガキ大将になった。

その頃、巾が三十~五十センチ、深さ一メートル足らず、水の深さは三十~五十センチぐらいの井手が縦横にあって、田んぼに入れる水が川から地下水になって入り込み、滔々と流れていた。そこにフナやアカマツの小魚、ウナギがいる。ウナギを獲るのに篭を持って下手にいる者、川上から棒で岩間に隠れたウナギを追い出す者に分かれて、ウナギを篭に追い込んだが、道の上に上げてウナギを大きな篭に入れるのに、ヌルヌルしてなかなか摑まえられない。親指で首ねっこを押さえて、他の指と手で胴体を摑まえて篭に入れて何匹か獲ると、家へ持って帰って煮てもらった。皆、うまかったのだと思う。

しかしヘビも沢山いて、水の中をくねくねと泳いでくる。噛まれると大変だから、棒で叩き殺すのに十～十五分もかかった。それを祖父に見せると、生き物を殺してはいけないと言って、罰として、一・五メートル以上ある藁と豚の糞をこき混ぜた堆肥の上に、それを足で踏んで混ぜていい堆肥を作るために放り上げられて、一日中糞と藁を混ぜさせられ、下に降ろしてくれなかった。顔や、身体の穴という穴、へそ等の凹んでいる所に豚の糞が入りこびりついて、二日も三日も臭くて困った。

堆肥の山を踏みながら、何故こんな目に遭うのだろうと、三年生の子供の目から涙があふれ出た。

両親の不仲、けんかが、こんなにも、それと何の関係もない子供に及び、苦労しなければならない。これも、余島（母の生家）、高崎（父の生家）の家のカルマ、あるいは両親のカルマによるのであろう。

だが、主屋（高崎家の本家）は、生母が家を出た後に継母が来てからは食べ物も何か十分に食べられなかったが、主屋では働きさえすれば腹一杯麦飯を食べられた。まあ、極楽である。

世の中や人間関係は、何時、どう変わるか解らないが、両親が仲良くしていれば、子供は辛い目に遭わなくてすむ。

しかし今思うに、子供の時から、両親が朝から夜八時過ぎまでそれぞれ外で働いて、昼間は小学校から帰っても誰もいない。昼飯、晩ご飯を、自分で炊いて食べるより仕方がない。ライスカレーは肉なしだが、うまくできたので、自分で作って腹一杯食べた。一人でいても、自分なりにいいことをみつけて、へこたれないことが大切である。

赤ん坊の時、母親が銭湯で「可愛いね、私にお風呂に入れさせておくれ」と言うよそのおばさんに赤ん坊の私を渡して、風呂に入れてもらったらしい。ところがそのおばさんは、不注意にも、汚い銭湯のばい菌がうようよしている風呂の水を両耳にたっぷり入れたらしい。その直後から中耳炎となり、初めは田舎の何でも屋の医者にかかったが、鼓膜に穴を開けて中耳炎の膿を出し薬を塗る治療が恐くて、しなかったらしい。そこでばい菌が中耳の後ろの骨を腐らして、一年中耳の医者に通った。

よくまあ、あんぽんたんにならなくてすんだな、と思う。神様のお蔭なんだろうか、しかし、神様もひどいな、と、時々思う時があった。

昭和二十年五月に、全ての大学、教育系の師範学校の学生も兵隊にとられることになった。どうせ死ぬなら、海軍の予備学生の試験を受けて、海軍将校の特攻隊になりたいと思って、予備学生の試験を受けたら、五〜六人か八〜九人に一人の倍率の試験に受かった。数学と物理学だけの試験で、難しいとは思わなかった。

高松の日赤の耳鼻科の医長をしていた、岡山医大出の、温厚で手術の上手な名医に、昭和二十年一月に中耳の根治手術をしてもらって、左耳の鼓膜、後ろの骨は全て削り取られた。耳の後ろを押すと、皮膚だけだからぷよぷよしていた。今でも左耳の耳たぶの後は骨がなく、押すと、皮だけだから、凹んでしまう。手術をしてくれた耳鼻科の先生に、予備学生で行く、と言うと、軍医が診たら、そんな耳だからすぐ帰してくれるでしょう、ということであった。

さて、久里浜の対潜学校（敵の潜水艦を探る水中音波器専門の学校）に汽車で向かった。大阪の駅で、夜暗かったが、アメリカのB29爆撃機の爆弾投下が凄く、あちこちに火の手が上がり、暗い夜が炎で一帯が明るかった。汽車は空襲が済むまで駅の近くで立ち往生して動かなかったが、一時間程でやっと走りかけた。

翌日目が覚めたら、ちょうど今の玉光神社根府川修練道場の斜め下になる所、太平洋が広く見渡せる所を汽車が走っていた。「いい所だな、こんな所に住めたらいいな！」と思った。ところが二十年後に、この景色の良かった斜め上の根府川に道場を建てることになった。「縁というのは不思議だな、強く思うと実現するのだな！」と深く心に感じた。

五月に対潜学校に入り、猛烈な特攻訓練であった。中耳炎の手術の後、左耳の後ろは皮膚だけでぶよぶよであったが、軍医は、帰れとは言わなかった。とにかく特攻隊員の人数が必要であったのだろう。

七〜八月になると、アメリカのＢ29爆撃機によるわれわれの海軍基地への空襲は日に二度もあった。外で訓練していると、いきなり山の向こうから山頂を越えて爆撃機が現れ、機銃掃射をする。皆が、逃げまどうか、伏せた。人間というのは咄嗟には何をするか解らない。伏せたら、上から撃たれる面積が大きくなるが、本能的に伏せるのである。その後、あまりアメリカの空襲が激しく、外にいることができないので、山に四キロメートル程のトンネルを日夜交代で掘り続け、そのトンネルの中で暮らすようになった。天井から水が滴り落ちるので、寝る時も起きている時も雨合羽を着たままである。

そういう生活が一～二ヵ月続いた後、或る隊の海軍大佐が「皆広場に集まれ」と言うので、集まったら、なんだか少々キンキン声の天皇の声の録音を聞かされた。アメリカに降伏する、というのである。

アメリカをやっつけようと特攻隊になったのに、三ヵ月経った今、「負けた」と言う。一瞬、「天皇はどういう気持ちなのであろう。われわれの学校でも、三千五百人入って、二千五百人くらい戦死している。若い優秀な人がこんなに死ぬ戦争を、何故、陸軍の強硬な主張を止められず、したのだろう。気が弱いので、押し切られたのであろう」と思った。戦後、天皇は忠実な、穏やかな、国民思いの天皇であることが解って、なんとなくほっとした。

戦争は人間をきちがいにする。敵と向き合うと、相手を殺すか、自分が殺されるかしかない。そういう時、人間はみな狂人になる。というのは、人を殺すことは常人にはできないことだからである。

二度と戦争はしたくないものである。

（二〇一二・二・一〇）

小田原市根府川の山と海

真理とは何か（一）

子供の時から、仲の悪い両親を見て育ち、小学三年で父親の里の、讃岐の氷上村の高崎家へ送られ、百姓の仕事を手伝うこととなった。その頃から、真理とは何だろうか、あるのだろうかと、なんとなく疑うようになった。

真理とは何か、を研究始めたのは、国を守る一心で海軍の特攻隊に入り、激しい訓練に明け暮れた。ところが、昭和二十年八月十五日に日本はとうとうアメリカに負けて、終戦を迎えた。戦前、戦中は神国日本、天皇は現人神という思想で日本中が動いていたが、戦後になると、神国もない、現人神もない、唯物思想の社会党、共産党が勢力をもち、日本中が唯物思想に覆われた。

死なずに特攻隊から帰った私の心に、いったい真理とはあるのだろうか、あるとしたら何だろう、という疑念が頭を離れなかった。そこで、東京文理大に哲学の偉い先生がいるというので、試験を受けたら、九人に一人の割合で入れた。一年間、一生懸命に学校に通い、授業を受けたが、論理学、西洋哲学、東洋哲学、全て論理学を主とした授業で、生きた真理、物や人を生み出すと思われる具体的真理は何も聞けなかった。ヘーゲルの弁証法は単なる論理であり、カントは人間の認識を感覚—知覚—概念—認識と、人間の感覚に基づく認識を分析しているが、私が子供の頃から経験していた超感覚的な認識には何もふれない。

ドイツ哲学を専攻したが、がっかりした。——その教授陣の内で、下村先生が私の超感覚的なものについての議論に耳を傾けてくれた。

（二〇一二・二・一〇）

真理とは何か（二）

真理は単なる概念、仮説ではなく、現実を動かし、或る物を生産する、創造力をもつものである。

物理的世界で感覚的にわれわれが知っている真理は、引力であるように思う。物理的次元でガス状の世界に一個の素粒子ができると、この素粒子は、引力によってガス状の宇宙にできた他の粒子を引き付け、次第に大きな質量となり、星や惑星の集団となるといわれる。

たとえば、太陽の引力に引き付けられ、その引力に釣り合うだけの惑星が集まり、一つの太陽系をつくっている。そしてこの太陽系と同じような系が大きな星の集団をつくり、一つの宇宙ができる。これらの宇宙間にはガス状の物質があり、その中に一つの粒子ができると、それが引力によって、ガス状の宇宙空間から質量をもった物質を引き付け、次第に地球、太陽系のようなものをつくり、それが無限にある、等のことが、今のハッブル宇宙望遠鏡で観察できた。そして、このような星の集団からなる一つの宇宙、そして空間は、無限にあるといわれる。

物質的宇宙も、今の人間には究極的には目の延長である。宇宙空間に放たれた望遠鏡で見た宇宙である。この物質的宇宙をコントロールし、創造しているのは、引力の法則である。ガス状の無限空間に一粒の粒子ができると、それが引力によって他の粒子を引き付け、太陽、地球等の小宇宙系をつくる。それが果てしなく無限にあると、宇宙に放たれた天体望遠鏡から送られるデータに基づいて、現在の天体天文学は説明する。

ここでは引力の法則が真理である。それによって宇宙ができる。引力の法則は必然的法則である。

ところが、これに対して、修行によって魂の世界をみることができるようになると、魂の世界は決して引力の法則によってはコントロールされない。基本的には自由意志によって魂の世界の魂は互いに交渉したり、抱合したりする。そして物の世界の心とは違って、魂の世界の、より精神化された物を容易にコントロールし、変形し、或る程度の創造ができる。さらに物質世界の物をも部分的な創造をし、性質、存在の形を変化せしめうる。

魂の根元——神——によって、魂の世界も物の世界も創造されるように思う。神は、無秩序な物（質量）の原始の世界に秩序を与え、それに基づいて一つ一つの物に即した秩序を与えて、それによって一つ一つの物、大きくは星、一つの宇宙をつくるのであろう。

しかし、神も創造者も、働くもの、存在するものであるから、何時かは永遠の時間の内にその秩序を失い、無秩序なものに移行する。その中にまた粒子ができ、上述のように、無限の宇宙をつくるのであろう。

231　真理とは何か　(二)

どうして、神は、物の宇宙をつくったり、無秩序にしたりするのであろうか?
どうして魂の世界をつくったのであろうか。

(二〇一二・二・一〇)

小学一、二年の裸免状（六十人中十六番）よし、一番になろう！

三年で六番、四年に一番になり、師範学校でも文理大でも、よくできたと或る教授から言われたが、超感覚的なものの科学的研究をしたいと言うと、研究室に残るのから外された。戦後の唯物思想が大きな勢力となりつつあったからだと思う。西田哲学の弟子で有名な務台先生がいたので、東北大に受かったのを止めて東京文理大に入ったが、その務台先生が社会主義者になり、神秘思想お断りであった。先生を訪ねて議論をするたびに、話が合わず、文理大に入るのじゃなかったと思った頃、下村寅太郎先生が私の話をよく聞いてくださり、私も先生の逗子のお宅まで行って、よく話を伺って感激した。文理大に入ってよかったと思った。

文理大に入ったのは、務台先生でなく、下村先生に会うためであったようだ。これも神様のお導きなのであろう。

その後、卒業してからの十年間に学会で業績を挙げた者に、各科から一年に一名、東京文理科大学記念賞を戴いたが、ドイツのマールブルク大学のベンツ教授（東洋哲学の教授）が、私のドイツ語で書いた「超感覚的なものと科学」を、「いい論文だ」と評価して、マールブルク大学の学会誌に載せてくれた。それを下村先生が評価して、私を東京文理科大学記念賞に推薦し、当時のノーベル物理学賞受賞者、朝永学長より戴いた。

その時、各科から一人、合計十人くらいの受賞者が各々三十分程講演したが、朝永先生が私を見て、超感覚的世界のことはよく解らないが、そういう世界もあるんですね、と言われたように思う。

（二〇一二・二・一〇）

ドイツ語と哲学の勉強は、師範学校の三年生の時から始めた（師範学校の教科にはなかった）

勉強はとても楽しくおもしろいと思って、夢中になってした。

大学の授業は一年真面目に出たが、論理的思考のみで空論のように思えて、現実とどう結びついて現実を動かす真理なのか、はっきりしない。

一年すんだ時、二年の初めから、兵庫県播磨の五峰山光明寺という、山のお寺に入った。そのお寺から五十メートルくらい離れた所に、十間（十八メートル）四方の本堂があり、その中に百ワットくらいの裸電球が一個ぶら下がっていて、本堂の中はその下だけ明るく、全体に薄暗かった。

235　ドイツ語と哲学の勉強は、師範学校の三年生の時から始めた（師範学校の教科にはなかった）

本堂の重い高い分厚い板の戸を開けると、ヤモリがパラパラと頭の上に落ちてくる。額や顔に当たると冷たくて、初めはびっくりした。二〜三日もすると慣れて、薄暗い本堂の仏像の前で三時間くらいは、ドイツ語の原書でシェリングの『自由論(Freiheit)』を読みながら、なぜこんな理論が言えるのか考えて、その考えを半分ドイツ語、半分日本語で書いた。今でもその原稿がどこかに残っていると思う。

シェリングは、カント、フィヒテ、ヘーゲル等のドイツ観念論の中で、唯一人、実在論を唱えた。まあ、変わり者であったが、彼の言う実在は、人間の魂にしろ、霊界の霊にしろ、神にしろ、実際に修行をして体験したわけではないから、今考えてみると、やはり観念論であり、空虚な実在論であるように思う。

（二〇一二・二・一一）

小学校の先生にはなりたくない

師範学校に入った時、小学校の先生にはなりたくないと思った。家が、私を小豆島中学（小豆島で唯一の旧制中学校）へやってくれる金がないので、高等小学校に入った。二年の時、学校では習わない幾何や代数を、どうしても習いたいので自習したが、或る一つの問題が解けないので、受持ちの先生に尋ねた。先生も十分くらい考えたが、解けなかった。しょうがない！と思ったが、外に尋ねられる先生もいなかった。この時も強く、小学校の先生にはなりたくないと思った。

小豆島の淵崎の小学校、高等小学校からは、もう五年以上、師範学校に入学した者はいなかった。師範学校入学試験科目はほとんど高等小学二年で習った八科目であったが、入学試験にパスして入った時、小学校の先生にはなりたくないという気持ちが強く、大学へ入って真理の勉強をしたい、と強く思った。

師範学校に私が入った後、学科がよくできて一～四番くらい（六十人クラス）であったので、名もない小豆島の淵崎の学校は優秀だということになり、私が入った後二～三年は、二～四人くらい師範学校に入った。初めは新しい科目の学科が多くおもしろかったが、一年経つと、学校の勉強は退屈であほらしいと思った。英語、数学、物理学はおもしろかった。

試験になると、同級生が教えてくれと数人必ずやって来る。彼らは日曜毎に家に帰って旨いものをたらふく食べて、一週間食べるおやつやむすび等を持ってきていた。

私は継母のいる家へ帰っても面白くないので、学校に残った。そこで、試験前に教えてくれと言う友達数人の一人ひとりに、お前は今度日曜に帰ったら天ぷら、お前は寿司を持ってこいと言って、教えてやる授業料にして、彼らが日曜に家から持って帰り、授業料にくれた寿司、天ぷら、饅頭を寮の私の棚に入れて、毎日少しずつ食べた。

ところが、それを知って、棚に置いてある饅頭等を盗むやつがいるので、見張っていると、付属小学校から来た田舎の裕福な家のガキである。デブ公である。いやしいやつ！ときめつけて取らさないようにしたら、取らなくなった。安心して毎日少しずつ食べて、寄宿舎の食事で腹の減ったお腹を満足さしていた。

小学一年の時、せんべい屋の同級生に算数を教えて、せんべいのクズをかん袋に入れてポリポリ食べたのと似ている。継母が来てから、日曜に家に帰ってもおもしろくないので、神様が、友達に教えて、饅頭、寿司等を食べさして満足さしてくれたのであろう。

その時々に応じて、正当に取れるもの、貰えるものは貰っていいと思っていた。
祖母の余島の家で毎日売る餅をつき、あんころを丸め、丸餅を作って、一週間五銭貰ってうどんをよく食べたが、腹がすいているところへ食べるうどんは格別うまかった。

ところが、うどん屋のおばさんがうどんを運んでくれた後、「あの子は静ちゃんの子供やないか?五銭持ってきた。おばあちゃんから盗んだのじゃなかろうか」と、ひそひそと話している。正当な小遣いである、何を言いやがると思いつつ、悠々とうどんを食って、悠々と外に出ると、うどん屋のばばあは呆気にとられて見送っていた。

一週間五銭に、もう一週間の五銭で十銭、後の五銭は隣のパン屋に行って、できたてのアンパンを買った。三銭で僅か一つしかくれなかったが、なんともうまかった。ちびりちびりと道を歩きながら食べたら、おおよそ一キロ以上歩いたらしい。土庄の築港へ行く道で、片側が大きなどぶ川であった。食べるのに夢中で、よく落ちこまなかったと思う。

子供の時の思い出は他愛がないが、本人は、餅づくりの手伝いで貰った小遣いでうどんもパンも食べ、大満足であった。働いてはじめて金をくれる、それで欲しい物を買う。人間は大人になっても、偉くなっても、似たようなことしかできない。なんと惨めな人間だろう。

引力で地べたに引きつけられ、土地の上を一歩一歩歩いて動くことしかできない。空中を飛べたらどんなによかろうと思ったが、厳しい修行をして、魂が肉体の外に出られるようになると、一瞬の内にアメリカでも地球の外でも出られ、霊眼でみたものはこの世にあることであり、同時に魂の世界もみられる。

両世界とその魂は常に密接に関係して、相互作用している。前生で人に迷惑をかけ悪いことをした人は、この世で悪いことが次々と起こる。人を助け、社会のために尽した人は、人々がその人の周りに集まり、彼らを助けてあげられる。社会をも大きく支え、助けられる。これが、人間以上の存在になった、霊的成長の印である。

自分のことばかり考え、自分のためだけに行為することをやめて、人、社会のためになるように働いてください。お祈りをしてください。そうすれば、自然に人間の枠をはずれ、神々の世界に進化、自らは広く安らかな境位（魂を超えたところ）に達し、且つ、この世の人々、自然を助け支え、生かすことができる。

（二〇一二・二・一一）

人間は何のために生まれるのだろうか

人間は赤ん坊の時、四~五歳の頃、否、七~八歳頃までは、地球に生まれて、外の世界は、自分の家、家族、幼稚園の友達等の世界が全てである。ところが十二歳~青年期にかけて、なんで人間に生まれたのだろうか、と考える人も出てくる。全く外の世界、女の人、男の人、自分の住んでいる地区の人との付き合いで満足している人もあるようだ。ご馳走を食べるのに夢中の人もある。男や女の人を追いかけてセックスを好む人もある。将来どんな人になろうかと考える人もいる。真理を知りたい、と思う人も稀にいる。私はどうも、真理を知りたいと考えるタイプのようだ。

両親の仲が悪く、十歳（五年生）の時、山の中の人里離れた富山の避病院に、二人の人に担架に乗せられ、ゆっさゆっさ揺られながら運ばれた。昔は部落の衛生設備が悪く、溝の上流でチフス患者が出たので、溝を流れてきたチフス菌が、溝から一・五メートルくらいしか離れていない井戸の水に入り、その水を飲んだので、チフスになったのであろう。二人の村の仕事師が私を担架に乗せて、山の避病院までゆっさゆっさと運んでくれた。部屋は十二〜十三畳ぐらいだったように思うが、当時はチフス患者、赤痢の患者を治す薬（抗生物質）がないので、死ぬやつは死ぬ、生き残るやつは生き残るという具合で、昨日は隣の部屋の赤痢患者が死んだ、一昨日はチフスの患者が退院したという具合だが、医者もビタミン注射をして患者の体力をつけるだけであった。

或る日、大きな太いムカデ（二十〜三十センチくらいある）が私の布団の中に入ってきた。母が「博、動くなよ！ムカデに噛まれるから」と言うので、夏の薄い寝巻きを着ていたが、ムカデは足の踝の所から徐々に体側にひっついて、ゾロゾロ、ガサガサと上ってくる。ムカデの足がガサゴソと体側にひっつきながら首の所まできて、布団の外に出て、廊下の方へ出た。隣の赤痢患者の看病をしている五十歳くらいの男の人が手ぬぐいを二、三枚重ねて、看護婦さんも来て、大騒ぎで取り押さえたらしい。まあ、ムカデが捕まったので、ほっとした。避病院には三十日余り入院していた。一日三回、重湯だけだから、寝返りもできない。ムカデが体側を噛まずに通り抜けるのを、神様にお願いするばかりであった。

三十五日程避病院にいたが、死ぬ患者は死ぬ、生きる者は生きるという具合であった。その頃、人間はどうして生まれてきたのだろう、とよく考えるようになった。家では両親が日中は二人とも働きに出て、いない。五～六歳の頃から、家で一人だから自分でご飯を炊き、おかずを作り、いつも一人で食べるか、七歳上の叔母と食べるかしたが、一人の時が多かった。ライスカレーが好きで、肉なしのライスカレーを作るのはなかなか上手であった。

祖母は、前日に餅をつき、餡を作り、餡入りの丸い餅を、翌日銀行の横に、手押車に載せて行き、車の上に並べて売って生活を立てていた。

私は五～六歳の頃から、餅つき、あんこを丸める、あんこを餅に入れるのを、ほとんど手伝った。すると、一～二銭、多い時は五銭の小遣いを、一週間に一回くらいくれた。それであめ玉を六個程買ってしゃぶるのが楽しみであった。五銭くらい貯めた時には、長栄堂に行き、グリコを買った。

小学校一年の時であった。「一粒三百メートル」と書いてあるので、店の奥さんに「ほんとうに一粒で三百メートルを速く走れるのか」と聞くと、「そうだ」と言うので、そこから学校まで百五十メートルくらいを一生懸命に速く走った。そう思ったせいかどうか分からないが、速く走れたように思った。

まあ、なんでもすぐにそのまま信じて疑わない、正直な、真っ直ぐな性質が生まれつきのようであった。それが後に、真理を知りたい、と思う素地になったのであろう。

（二〇一二・二・一二）

師範学校入学（十四歳）と、小豆島御本宮建設

小学高等科二年からの師範学校の入学試験は、数学、国語、図工、工作、体操、音楽等、ほとんど高等小学校の全科目にわたっていたように思う。入学できたが、小学校の先生にはなりたくない、真理を求める学者になりたい、と思った。小豆島淵崎小学校からの入学生は、五～六年目くらいであるということであった。小学四年から勉強がおもしろく、小学三年生くらいから代数、五年くらいから英語の勉強がおもしろいので始めた。

高等科一年か二年の時、中学の二～三年の代数の本を読んで、どうしても或る式から次の式を演繹する理論が解らないので、高等科二年の受持ちの先生に尋ねた

が、先生にもよく解らないようであった。

師範学校に入ったのは、家に、私を旧制中学にやってくれる金の余裕がなかったので、やってくれなかったからである。当時師範学校は、小学校の教師が足りないせいか、毎月給費を二十五円（今の金に直すとおおよそ二十五万円くらい）くれた。学校の授業料、食事費は合計二十円くらいで、五円くらい余った。師範学校様々である。五円で、高松の有名な本屋を一軒一軒回って、哲学、英語の本の解りそうなのは沢山買って、夜の八～十時までの自習時間には、寮の自分の部屋で一生懸命に論理を理解すべく勉強した。これらは全て学校の教科にはなかったが、おもしろかった。

或る晩、一生懸命ドイツ語の原書で *Pädagogik*（教育学）を読んでいた。これは東京文理大の教育学科を出た先生から借りたものである。夜の自習時間には、舎監の先生が各寮生の勉強ぶりを廊下を通って見て回っていた。そのドイツ語の原書を夢中になって読んでいると、誰かが傍に来て、私がドイツ語の原書を読んでいるのを覗き込んで見て、それがドイツ語らしいと解ったらしい。その先生は師範学校の先輩で、独学で中学、師範学校の文部省の試験に受かり、鼻高々のように思えたが、どういうわけか私を目の敵のようにしていた。その先生が自習時間そおっと私の後ろに来て、ドイツ語の原書を読んでいるのが解ると、またそおっと入口から出てゆくのを見た。その数学の先生は授業中、代数か何かの式を問題として出し、その答を生徒に答えさす。皆なかなか正しい答えができない。できないと、そのまま席に立たせておいて、その後ろの学生を指して答えさせる。私の席に来ると大抵答えるので、立っている生徒も座ってよろしいということになる。

各学期の終わりの試験が始まると、数学、英語の試験の前には、夜の自習時間、少なくとも四～五人が解けない問題の解き方と答を教えてくれ、とやってくる。時々自分の勉強の邪魔になるが、丁寧に教えた。その代わりに、お前は次の日曜に帰省した時は餅、お前は饅頭を持ってこいと言うと、皆喜んで持ってきてくれた。日曜に家に帰っても、おいしいものも作ってくれない、無愛想な継母のいる家には帰りたくなかったので、寮に残っていながら、日曜の晩は皆が持ってきてくれた餅や饅頭などを腹一杯食べて、楽しかった。

まあ、環境に応じて、何事からでも楽しみをつくり出すことは、人生の一つの教訓であろう。

今でも常に新しい学問の道、方法を、寝ても覚めても考えている。ＡＭＩ、新しいＥＥＧや、大学校舎の建築、お宮の建築の図面、工作法を考えるのは楽しい。神様のお蔭で、一万五千坪の小豆島御本宮の敷地の山の上の御本殿と、山の下の拝殿が東西に一直線になり、神様を拝殿から真っ直ぐ拝めるように土木工事の計画をした。山と畑の、凸凹の土地を、無理なく信者さんが大鳥居から拝殿まで登れる真っ直ぐな参道、拝殿から本殿まで無理なく登れる山道の参道を、松井建設の監督、設計部長とよく相談して図面を描き、その通りに御本宮ができるまで二年半かかったが、楽しかった。

だが、借金が数百万円にのぼり、信者さんの寄付と、母達が自分の家も土地も着物まで売って合わせても、百二十万円くらい足りない。銀行を五十軒回ったが貸してくれず、最後に、できたばかりの平和相互銀行の、東京外語大の前身、東京外国語学校の蒙古語科を出て、満州に官吏として渡り、戻って平和相互銀行に勤めていた人と話が合い、やっと貸してくれた。私も七星会をつくり、収入があったが、ともかく借金を払い終えるまで十年ぐらいかかった。

（二〇一二・二・一二）

小豆島玉光神社御本宮
（大鳥居と拝殿、御本殿）

初めて自分の家をつくった
（数え年十八歳、満十六歳：友達の牛との別れ：悲しかった）

父親が土庄の郵便局長代理を辞めて、讃岐の長尾町の郵便局に勤めることになった。自転車で八〜九キロメートルの、上り坂あり、下り坂ありの田舎道を毎日朝夕通うのは大変であったようだ。その上、自転車のタイヤに空気を入れるチューブがない。その代わりに藁クズを詰めたもので、空気のタイヤの四〜五倍の力を入れないと走らない。ご苦労なことであった。

私は父親から二千円（？）を貰って、タツ道という田舎の道路（多分、自動車が一台は通れるが、交叉も可能かどうかは分からない）の、学校から三百メートルくらい離れた所の土地を買い、すでに建っている十五畳の家を建て増しするように頼まれた。父親は建築のことは全く無知で、仕方がないので引き受けたが、大変であった。元からの十五畳の家は古い蔵の材木を使って作られていて、梁などものすごく太く、十五畳くらいの家にはふさわしくなく、今にも落ちてきそうな感じがした。

さてそれから、十キロメートル離れた長尾町の材木屋へ、荷車を自分ひとりで引っ張っていった。途中は上り坂、下り坂であったが、行きは荷車だけで、田舎で力仕事に慣れていたから何でもなかった。ところが帰りは、二百〜二百五十キロの材木を積んで引っ張るのだが、平らな道は何でもないが、下り坂は足を踏ん張り、上り坂は根かぎり全身の力を肩、腕、足に入れて荷車を引っ張り上げなければならない。しかし引っ張り上げようとしても、坂の途中で目が廻って、一休みも二休みもしてやっと家を建てる所まで運んだ。戸を開けて家の中に入ると、継母の照子さんは、その間に好きな餅をこっそり食べているところであった。まあ、卑しいのであろう。

次は、五キロメートル程離れた田中道の、瓦を作る瓦屋へ行って、必要な瓦を運んでもらうよう交渉して、これは大いに助かった。瓦まで運ぶのは大変である。

大工、左官屋、井戸掘りの井戸屋、屋根屋を一軒一軒回って、三ヵ月くらいで十五畳の家が十八畳（九坪）くらいに大きくなった。だが、薄暗いのと、窓がないので、勉強なんかできなかった。ちょうど耳の根治手術を三回して学校を休学している時なので、家を建て増すのも大仕事であったが、さらに主屋（高崎本家）の、六キロメートルくらい離れた讃岐山脈の山また山を越えた、急な坂の一町歩くらいの所に生えている木だけを買って、それを切り倒して、大方冬の間の燃料が間に合うようにするのは、とてもきつい仕事であった。

近所や親戚の人々は、手術を三回もした直後なのに、無理なことをさせる、と思っていたらしい。だが、家では継母がいて、居づらい。主屋でご飯を食べさせてもらうには、働かないと、三杯目のご飯（茶碗）を出すのが気が引ける状態で、食べさせてもらうために一生懸命働いた。主屋の跡取り娘で従姉にあたる千代子の、新婚ほやほやの養子 —— 田舎では、養子は散々働かされるのが普通のようだ —— と一緒に、生まれて初めてする、家から六キロメートル離れた山また山を越えた急な山肌の木を全て切って、荷車に二百〜二百五十キロ木を積んで、牛に引かせて帰る。平地になると牛もよだれを出し、ハアハアいいながら四キロの道を家まで引っ張ってくれた。

その牛は、私が小学三年生の時、いつも飼葉桶に一杯の、切り藁（稲の藁）に大豆と豆汁をたっぷり混ぜて食べさせていた牛である。一段高いところに牛の食べる藁を置いてあって、そこへ大豆と豆汁を持っていって混ぜ合わせた餌を作るのが待ちきれなくて、私の裸の足やふくらはぎをペロペロ舐めてくれる。ところが牛の舌はザラザラで、四〜五回舐められると、足の皮膚が赤むけになる。牛は私の友達であった。私を見ると、嬉しそうにモウーと啼いた。

昔は、いまの電気農具とは違って、牛が鋤を引っ張って田んぼの畦を作っていたが、大変な労力である。その牛を、牛飼いが来て、主屋の千代子達はかなりの金を貰って売った。

人間というのは薄情だな、散々働かした牛を売る、その後牛は殺されて、牛肉になって肉屋の店頭に並ぶ。その時、本当に人間は薄情だな！と思った。別れるのがわかるのか、牛の大きな目に涙が出ていた。やはり、人間め、酷い奴！と思ったろう。主屋の千代子達は平気な顔で、沢山金が入ってホクホクしていた。

人間はこんなものなのだろう。

この世で、人や物や動物に愛をもって接することが大切である。愛のない人は地獄に堕ちるかもしれない。

（二〇一二・二・一三）

257　初めて自分の家をつくった

人間について

人間の魂は、物の中にある精神の芽から進化したとは思えない。物の法則は、A＋B＝Cというような必然の世界をつくりだすが、そこから自由な心が進化して生じたとは思えない。必然の法則に従うものは、あくまで必然の法則を出られない。

自由な魂は、絶対に必然に縛られない自由な精神、神から出たと考えるほかに考えようがない。

絶対からの創造の時、必然に従う原物質と自由な神とがつくられ、両者の相互作用で、物の内にある精神の芽が進化発展せしめられ、万物が生じた。従って、万物はその神から与えられた形成力によって、自らの存在のための秩序を保つ限り存在しうる。最後に、人間精神は自由な神によって創造され、この精神は神の創造力に助けられ、自らの肉体を形成したが、その寿命は僅か八十年〜百年である。千年も二千年も肉体を保持しコントロールする人間の魂は未だつくられていない。

他の星の中には、霊的肉体を千年〜二千年も保持する神的魂や神々の世界があるのであろう。

未だ地球にはそういう神的存在は生じていない。

（二〇一二・二・一三）

神主にはなりたくない

「東京で勉強さしてあげる」とお代様（法母）と清光先生（生母）が言った。師範学校に入学した時から、金がないので給費を沢山くれる師範学校へは入ったが、小学校の先生にはなりたくない、真理を究める学者になりたいと思っていたので、大喜びで高崎の家を家出して、高松市内にいる余島の叔父（生母の弟）のところへ行った。家出というのは悲しいものである。自分が十八歳で建てた家を後にして、高松へ行った。

そして師範を卒業して東京のお宮へ来ると、なんと、『宮司になって、お宮の跡を継ぐように』との御神言であるという。

最初は、高円寺の信者さんの家を一間借りて、そこで母達がお祈りする。部屋の隅で勉強なんかできなかった。だが、近所の家の二階を借りてくれて、やっと勉強ができるようになった。世の中はなかなか思い通りにはいかないものである。

御神言に背くと、今までに一～二回、急に腹が痛くなって、居ても立ってもいられなくなる。

御神言ならば神社の宮司になろう、しかし勉強もできるようにしたいと思い、そのために「神とは何か」「真理とは何か」を究めるために、大学は哲学科に入ろうと決めた。

当時、昭和二十二年頃、哲学科は東京文理大と東北大学がいいというので、昭和二十三年に両方の大学の哲学科を受験すると、両方とも合格した。東北大に入ると、東京やお宮、母達から離れてのんびりできると思い、東北大に入りたいと言うと、『お宮から離れてはいけない。東京の母の元に残り、文理大に入るように』という御神言であるという。それで文理大に入った。

お代様はまだお元気であったが、四～五年するうちに子宮筋腫になられた（本山の家では、お代様のすぐ上のお姉さん、その上のお姉さんも子宮筋腫になり、すぐ上のお姉さんは手術されたようである）。家のカルマ、遺伝なのであろう。

それからさらに四～五年後、お代様は子宮筋腫の手術を東大病院で受けられることになった。当時の産婦人科の教授が名医であると、信者さんで東大の産婦人科を出られた方が薦めるので、東大で手術した。

手術後、痛み止めの注射をするというので、「母は特殊体質だから、普通の人の半分以下の量にしてほしい」と頼んだ。ところが若い助手はそれでは効かないと言って全量を打った。すると意識がなくなってしまって、二十日間もどらない。その間、一睡もせずに付ききりで看病した。

なかなか意識が戻らなくて、死ぬのか、生き返るか解らない。お代様は一等の一人部屋に入院していたので、私が行をする場所が取れた。そこで一週間断食の行をして、お代様が治るよう、意識が戻るようにお祈りした。不思議なことに、ちょうど一週間目の満願の日、二匹の龍が昇天するのが私の霊眼にはっきりみえた。直観的に、母も治るが、小豆島の御本宮も建つのだな！と思った。

間もなく、昏々と眠って意識のなかったお代様がぱっちり目を開けて、傍にいる私を見て「水が欲しい」と言うので、水を吸い飲みで飲まそうとしたが、むせて飲めない。二〜三センチに丸めた綿に水を含ませ、一滴一滴口に入れてあげると、少しずつゴクリと飲んでだんだん意識がはっきり戻り、十日後に退院できた。龍をみたことのうち、お代様が治ったのは、真実になった。

そこで、小豆島の御本宮を建てるために、先ず神社の土地を探した。小豆島の信者さんの外山さんが、「私の山（約五千坪）があるから、寄付しましょう」と言うので、有り難くお受けしたが、結局山を一坪何百円かで買うことになった。まあ、仕方がないと思ったが、初めから寄付と言わなければよかったのに、と思った。しかし外山さんの土地に新たに買い足した一万坪の山の地ならし、石垣造りその他には、土地の土建屋を世話してくれて、大いに助かった。

もう一人の熱心な信者さん、森口さんは、神社の山の土地の地ならし、石垣造り、山頂のお宮への道づくりの作業を、懸命に、鍬を持って自ら手伝ってくれた。

買い足したい一万坪の土地は、十軒くらいの地主が少しずつ持っていて、神社がお宮を建てるというので、結束して土地の値段を吊り上げてきた。初めの予算よりかなり増額したので、私は一人一人の地主と会って、各個撃破の作戦に出たら、当時の山の土地代に近くなったので、銀行から借金し、当時の信徒総代の小森さんの多額のご寄付などをかき集めて、地主のそれぞれにお金を払った。

しかし、後は銀行への借金払いで、母も私も大変であった。母はお祈りの数を増やし、多くの悟ってない霊を自分の身体に降霊さして、霊に霊的エネルギーを取られ、次第に身体が衰弱して、とうとう病気になった。悟ってない、迷っている霊が憑くと、生殖器系に病気が起こりやすい。

私は母を見て、お宮を継ぐには、母のように霊を下げるのでなく、霊の次元をはるかに超えたところ——神々の次元にまで進化して、神様がなさるように、霊を自分の広い神霊の場所に入れ、一人一人を救えるようになりたいと思い、それから五年間、朝三時に起き、四～九時まで行をした。びくとも動かないで呼吸法、瞑想していると、三時間くらい経つと身体中が痛みの塊のようになって、全く痛い痛いという状態に身心共になるが、それをじーっと我慢していると、一～二年経った或る朝、自分の魂が身体の外へ出て、上から身体をもった自分をみることができるようになった。

するとと、迷っている霊、霊界で霊として働いている霊達を神霊の目でみられるようになった。その霊の前生からのカルマをはっきり、この世の人々を肉眼で見るように、霊視できるようになった。そして、カルマを解くにはどうしたらいいかが解るようになり、病気の人に霊的エネルギーを送ると、治るようになった。

全て、神様のお導きである。

有り難いことである。

（二〇一二・二・一三）

世界中の人々が仲良く助け合って暮らそう

各民族は互いに絶えず領土争い、食糧を奪い合う争いをする。砂漠の民、ヨーロッパの民族は互いに領土の境界を争い、食物、資源を争う。或る民族に生活必需品の食糧、領土が足りなくなると、隣接する民族と争い、占領する。

ところが、日本のように島国で孤立し、食糧、資源、土地面積が、人口が少なくてゆとりがあると、争いは起こさない。しかし砂漠のように食糧、資源が少ない地域では、常に食糧、資源の取り合い、さらに土地の拡張が争いとなる。

日本も、満州事変の発端となった原因は、当時の軍、政府の動きもあるのであろうが、その裏の原因は、ヨーロッパ文明を入れた物質文明で、東洋では早く近代化を成し遂げ、社会、民衆の努力と能力によって、豊かな生活を送れるようになり、人口も増え、工業地、農産地の確保が必要となった。そこで朝鮮半島や満州の植民地化が、西洋諸国による東洋諸国の植民地化を真似て行なわれたのではなかろうか。それが日支事変、日中戦争へと発展したが、領土の広い中国を、点々と、都市だけを日本軍政の元におくのがやっとであった。

ヨーロッパ諸国は、自分達が人の善い東洋人の国を次々と武力で征服したのに、日本が必要に迫られて朝鮮半島、満州等を植民地化すると、いっせいに非難攻撃を始めた。ずるい西洋人と思う。アメリカのインディアンの楽園である北南のアメリカを最初は植民地化し、次に、次々と領土化したアメリカ合衆国は、その最たるものである。

ヨーロッパでは、ヨーロッパ全体の面積が中国とおおよそ同じ広さの所に、多くの民族が民族毎に国を作り、産業、工業化を進める一方、他国との戦争に勝つために、他国にはない武器、たとえば鉄砲、戦車、ミサイル等を作った。それが現代生活に応用されて、西欧の近代工業国家ができた。それでも、人口が増えて、住む所、農業地が足りなくなると、お人好しの、戦争をあまり好まないアジアへやって来て、国々に次々と有利な武器で戦争をしかけ、日本を除く多くの国を植民地化して、農産物、工業製品の原料を本国に持って帰り、製品化してアジアへ高く売りつけたのが、第二次世界大戦の真の原因ではなかろうか。

日本も人口が増え、農産物を作る土地が必要となった。人が住む所も確保したい。それで、西欧諸国にならってアジアの植民地化を始めた。ところがアメリカ、ヨーロッパが、自分達がしたことを忘れて非難し、とうとう日米戦争、第二次世界大戦となって、日本は負けた。

負けていなかったら、日本の政治を牛耳っていた一定の大学卒業生達の権力がさらに増強し、日本もドイツのヒットラー帝国のようになったかもしれない。私も昭和二十年に海軍の特攻隊になる訓練を受けていたが、先輩の隊長達が、予備学生達を自分達の命令に従わせようと思う時は、「天皇陛下の御命令によると云々」と言う。すると、学生も隊長達もパッと直立不動の姿勢をとらざるを得なかった。勝っていたら、もっとひどい軍部支配の日本になっていたかもしれない。それは一つには、当時の帝国大学卒業生で占められていた腐敗政治が原因で、軍部がのし上ってきたためであろう。特攻隊に志願して猛訓練に励んだが、負けてよかった！負けて、アメリカの指導で民主主義国家になれてよかったと思っている。

日本が勝っていたら、腐敗に乗じて日本をコントロールし始めた軍部が、さらに勢力を持って日本国民を締め付けることになったかもしれない。

以上は、国のために一命を捧げて悔いのなかった元の海軍予備学生が、戦後種々な事情を知って書いた感想である。

今は、何事にも無私で、ありのままを見、現実を直視し、現実の世界を、愛と善に満ちた世界とし、そのために仲良く暮らせるための心の成長、魂の成長を育成する宗教家、大学の教育者として、一生懸命働いている。

神様の御加護を信じつつ。

（二〇一二・二・一五）

汽車の線路の上に寝る

私が生後四ヵ月位の時、母が三日月湯という近所の銭湯へ、夕方、いつものように連れていって、風呂に入れ洗っていると、漁師のおばさんが「可愛いね！私に風呂へ入れさして」と言うので、入れてもらったそうである。その時、銭湯のばい菌だらけの湯水を両耳に入れたらしい。

二、三日して、耳痛でよく泣くようになったので、近所の何でも屋の医専出の医者のところへ連れて行ったが、鼓膜を破って中耳炎の膿を出すことができず、外耳を洗浄するだけで、中耳炎は次第に拡がっていった。毎年、春になると耳が痛み、膿汁が出るのだが、家が貧しいので高松の専門医に連れて行くことができず、中耳の後ろの骨はだんだんばい菌が繁殖し、絶えず耳から膿が出るようになった。骨が次第に腐っていった。田舎の医者はなんともできない。

高松師範に入ってから、とうとう、高松の耳鼻科の専門医で手術を受けたが、骨の腐った所を完全に取りきれず、やはり膿が出て、痛かった。治る見込みがなく暗い毎日であった。或る日、医者の帰りに叔父の家の前（三十メートル位）にある高徳線の線路の上に寝て、汽車に轢かれて死ぬつもりであったが、一時間経っても汽車がこなくて、首も腰も痛くて寝てられない。東京の母のことも思うとやはり悪い気がして、起き上がって、死ぬのも死ねないと思い、あきらめた。

三度目の手術は、元の日赤の耳鼻科の医長で、手術が四国で一番上手な原田という医者に診てもらった。「大丈夫、手術はできると思うが、念のため岡山医大の耳鼻科の主任教授に診てもらってください。その教授の診断で、私にできるということであれば、ここで手術しましょう」と言ってくれたので、岡山へ行って、医大の教授に診察してもらった。麻酔も何もしなくて、いきなり耳の腐った肉を少し切り取った。一瞬、目が飛び出るほど痛かった。病理の方へ廻して、翌日、高松の原田医師で十分できるということで、診断書を書いてくれた。

高松に帰って、高松の原田耳鼻科に行ったら、「よろしい、手術をしましょう」ということで、三ヵ月後の翌年二月頃、手術は約五時間かかった。

当時日米戦争中で、全身麻酔薬がなく、四十分間有効な部分麻酔で、五回ほど麻酔を打ち直した。麻酔注射をして、四十分毎に麻酔を打つが、切れる頃になると、医療用金槌とノミで耳の後ろの腐った骨を削り取るのが猛烈に痛かった。こんなに痛い目に遭うなら、死んだ方がましだと、何回も思った。

部分麻酔だから、金槌で叩く音がするたびに歯を食いしばらないと、顎がはずれるような気がして、歯を食いしばったが、四時間半後にやっと終わると、全く力が抜けたようになり、看護婦に付き添われてふらふらと待合室に行くと、父が心配そうに小さくなって待っていたのが、ほっとした顔になり、喜んでくれた。私のために時間を割いて付いて来てくれたのはこれが最初で最後であったが、やはり実の父親は有り難いと思った。継母は見にも来てくれなかったようだ。

病院から歩いて三十分位のところにある叔父の家の二階に、三ヵ月ほどお世話になった。ちょうどアメリカ軍の空襲がひどくなって、毎日のように日本の主要都市を爆撃し、高松の市民も多くが田舎に疎開していた。近所には人が少なく、叔父の家の二階で、誰も看病してくれず、一人で寝ていた。そして、毎日原田病院まで歩いて行って、三十分ほど待合室で待って、治療をしてもらったが、順調に治っているということであった。

三回目の手術でやっと根治できて、有り難かった。頭痛と耳の汁から、生まれて二十年ぶりに解放された。

やはり時々、神様はもしいるなら、なんでこんな痛い目に遭わすのだろう、と思った。実の母は東京から看護には帰って来なかった。

これは、私が、自分のカルマで受けねばならないことであったのでしょう。父親だけが、手術中待合室で待っていてくれた。

三ヵ月でおおよそ完治したが、手術した耳の後ろは骨をノミと金槌で削り取ったので、ぶよぶよである。引っ張ると、破れそうであった。高松の栗林公園の傍らにある叔父の家に二ヵ月置いてもらって、医者に通った。二、三ヵ月して完治した。生まれて四ヵ月目の、近所のおばさんが風呂に入れてくれて、耳に汚い湯とばい菌が入って苦しんだ二十年間の苦しみから解放され、「有難うございます」と、神様にお礼申し上げた。

耳が完治して何ヵ月目か忘れたが、大学、教育系師範学校の学生、生徒全て、卒業までの兵役延期がなくなった。理由は、日本が決定的にアメリカに負け戦になったことで、全ての学生、生徒は軍隊に入って戦うようにということが、当時の陸軍大臣による天皇の御前会議で決まり、病気が治ってやっと三ヵ月目の私も軍隊に入らなければならなくなった。

そこで、海軍予備学生の試験を受けた。大学、専門学校の学生全てが軍隊に入るのだが、どうせ死ぬなら、海軍の予備学生の試験を受けて、海軍の特攻隊になろうと思って、受けたら、五、六人に一人位でパスした。原田医師に訳を話すと、「海軍の横須賀の学校に入る時身体検査があるから、耳の手術後間がないから、戻されるでしょう」ということであった。それは有り難いと思ったのであるが、そのまま入隊ということになり、横須賀の近くの久里浜の兵学校の分校、対潜学校——敵の潜水艦に魚雷を発射して沈没さすための潜水艦の操縦を教える学校——で激しい特攻訓練を受けた。

五月に入隊した。ところが、八月十五日に、アメリカに負けたことを当時の御前会議で決めて、各軍隊に通知が届いた。

天皇陛下の録音放送があるから、錬兵場に十一時半に集まるようにという指令で、生徒、教官皆で錬兵場に集まった。間もなく、天皇のお話の録音放送が始まった。なんだか、女の声のようなきんきんした声でよく解らないが、アメリカに降伏する、ということである。

死んでも国を守ろうと思って特攻隊に入ったのに、たった三ヵ月目に敗戦になった。「情けない」と思うと同時に、何か解放された感じがした。軍部も崩壊して、今まで、日本人も常に頭から抑えつけられた感じが重くのしかかっていたのが、すっぽり退いた感じである。

八月末、やっと東京駅で汽車に乗り、横浜、名古屋、大阪で乗り換え、乗り換えして、一晩宇野で野宿して、翌日連絡船に乗って、やっと高松に着いた時、なんと、高松は焼け野原であった。アメリカ軍の空襲で、一晩で焼けてしまったということである。

まあ、人間個人は、国のカルマが戦争に入ると、個人の命は紙クズのようにはかないものだな！と、つくづく感じた。でも、戦死しなくて帰れて幸せであった。

戦争中は、現人神天皇、伊勢の皇太神宮崇拝の宗教的雰囲気の中で大きくなったし、師範学校でも国粋論者の教授が幅を利かしていた。

ところが戦後は社会主義、唯物主義が最も盛んで、神国日本はすっかり影を潜めた。宗教の名を借りて、新興宗教が、迷っている日本人に「人間とは何か、どうしたら幸福になれるか」を説く、一種の倫理教が本来の信仰にとって代わり、多くの信者を集めて大きな団体となった。

宗教も、本当に神と一つになるには、大変な修行が必要だが、倫理教なら、人間はどうしたら幸福になれるか、心身の健康はどうすれば得られるか等を教える。それは本来の宗教、信仰ではない、この世的幸福論であるが、それが本来の、神と一つになり、人々の幸せをつくる宗教にとって代わった。

海軍から帰って高松の焼け野原を見た。師範学校のような学校も、この世的教育も、身心の健康とは何か、人間とは何か等を教える学校に変わった。

神を信じ、国のために身を捧げてきた私にとって、これは大変な転換である。そこで、一体、真理はあるのだろうか、あるとしたら、それは何だろう、と考えるようになった。そして哲学科に入った。

だが、屁理屈ばかりで、がっかりした。

よし、自分で修行をして神に会い、「真理とは何か」を直接摑みたいと思って、ヨガの行、瞑想をし、五年位の後、人間を超えた神霊の世界に入り、物を支配し、創り、変えられるようになって、人の病気（ガンも二十例位）を治せるようになって、心と物との相互作用をより深く直観して、次第に、体験に基づいて、哲学、宗教の論文、本を英語、ドイツ語で書いたら、ドイツ、イタリア、イギリスの学会誌に載り、世界の人々、学者が本山の学説に耳を貸すようになった。

神様の、『吾子に、吾の教えを広めさせる』との御神意に、少しでも沿えるようになったと思っている。

（二〇一二・二・一六）

著者略歴

1925　香川県小豆島に生まる
1951　東京文理科大学（現筑波大学）哲学科卒業
1956　同大学院博士課程修了
1957　科学基礎論学会（京都）講演（「超感覚的なものと科学」）
1958　東京文理科大学記念賞受賞（「東西神秘思想の研究」により）
1960　宗教心理学研究所設立。所長として現在に至る
1962　文学博士（哲学・生理心理学）
アメリカ、デューク大学にて、超常能力の電気生理学的研究に関し研究と講義
1963　インド、ラジャスタン大学にて、ヨーガの電気生理学的研究に関し研究と講義
著書『宗教経験の世界』ユネスコ哲学部門優良図書に推薦される
1964　デューク大学にて、超常能力の電気生理学的研究に関し再び研究と講義
1969　インド、アンドラ大学大学院客員教授（超心理学、生理心理学）
~70
1972　国際宗教・超心理学会（IARP）設立。会長として現在に至る
1977　イタリア学士院アカデミア・チベリナ正会員
スペイン、第2回国際超心理学学術大会副会長ならびに特別講演者
1980　アメリカ『ジャーナル・オブ・ホリスティックメディスン』誌編集委員
1983　インド、ヒンズー大学医学部ヨーガ研究センター海外委員
1988　ブラジル、国際オールタナティブセラピー学会にて特別講演
1989　アメリカ、フェッツアー財団にて特別講演
1990　フランス、第1回人体エネルギー国際大会にて特別講演
1991　南カリフォルニア大学院大学（SCI）日本校設立・学長
中国での、鍼灸医学と自然医学大会にて基調講演
1992　フランス、第2回人体エネルギー国際大会にて特別講演
カリフォルニア人間科学大学院大学（CIHS）設立・学長
1993　ブラジル、アドバンスド・メディカル・アソシエイション理事
1994　本山人間科学大学院・日本センター（MIHS）を設立・学長
1995　カナダ、第3回鍼灸医学と自然医学国際大会にて基調講演
1996　J. B. ライン博士生誕百年記念賞受賞
1997　コスタリカ国連平和大学にて講演
米国UCLAメディカルセンターで行われた「仮想現実と超生物学」シンポジウムで特別講演
2000　コスタリカ政府関係者の招聘による講演会と
コスタリカ国連平和大学でのAMIワークショップ（サン・ホセ）
2005　ハワイ大学にて講演

思いつくままに1　— ある科学者・宗教者・神秘家の記録 —

2013年2月15日　印刷
2013年3月8日　発行

著者　本山 博
編集者 発行者　本山カヲル
イラスト　宮沢雅子

発行所　宗教心理出版
〒181 三鷹市井の頭4-11-7
TEL 0422-48-3535
振替 00140-1-80047
URL http://www.shukyoshinri.com

印刷所　株式会社シナノ

ISBN 978-4-87960-068-4

—宗教心理出版—　本山 博　著作集

超感覚的なものとその世界
宗教経験の世界・ユネスコ哲学部門優良推薦図書

宗教的超感覚的世界の客観的実在性を、生理学、心理学、超心理学等によって科学的に立証し、さらに形而上学的に解明した、各国学会絶賛の書。ユネスコ哲学部門優良推薦図書。

A5判 246頁
2913円

場所的個としての覚者
人類進化の目標

困っている人を助け、迷っている人に指針を与え、祈りによって現実を動かしながらすべてから自由である覚者とはどのような人か、また、そこへ到るための指標を明らかにし、アストラル、カラーナ、プルシャの次元を超えた「場所的個」としての覚者について説く。

A5判 255頁
3107円

神秘体験の種々相 Ⅰ
自己実現の道

カルトの教えと真の宗教とはどこが違うのか。真の神秘体験とはどのようなものなのか。精神的境地の高まりと共に展開する神秘体験の種々相について、経験的、存在論的、生理心理学的、また歴史社会学的等の広い立場から詳細に分かりやすく語られている。

A5判 287頁
3398円

神秘体験の種々相 Ⅱ
純粋精神・神との出会い

著者の最高の宗教経験と悟りの状態が可能な限りわかりやすく解示され、人間の自己実現の目標が明示されており、人類の存続の危惧される時の人間のあり方が明らかに指し示されている。信仰を深め、行を重ねて霊的成長の達成を願う方にも、また自分の仕事をとおして自他の幸せに貢献したいと願う方にも、さらに、心萎えて気力を無くした方にも、ぜひ、お勧めしたい一書。

A5判 249頁
3300円

宗教とは何か
人間に生きる力と指針を与える

今までの各分野の宗教学の研究成果を取り入れ、それらと比較しつつ、著者自身の聖なるもの、絶対との出会いにおいて得た彼岸の智慧に基づいて、宗教とは何か、また、宗教の進化について語る。

B6判 138頁
1524円

※本体価格

—宗教心理出版—

本山 博　著作集

書名	副題	判型	頁数	価格
脳・意識・超意識	魂の存在の科学的証明	B5判	264頁	11429円
Psiと気の関係	宗教と科学の統一	B6判	145頁	1800円
宗教と超心理	催眠・宗教・超常現象	B6判	158頁	1905円
フィリピンの心霊手術	心霊手術の科学証明	四六判	265頁	1300円
気の科学	経絡、気エネルギーの電気生理学的証明と東西医学統合の試み	B5判	270頁	14286円
東洋医学 気の流れの測定・診断と治療		B5判	307頁	10000円
経絡—臓器機能測定について		B5判	155頁	5800円
AMIによる 神経と経絡の研究		B6判	143頁	2000円
ヨーガの東西医学による研究		B6判	117頁	1905円
存在と相互作用の論理		A5判	131頁	2600円
人間と宗教の研究	地球社会に向けて	四六判	225頁	2524円
宗教の進化と科学	世界宗教への道	A5判	195頁	2200円
カルマと再生	生と死の謎を解く	四六判	262頁	1942円
祈りと救い	真の祈りとは何か	四六判	232頁	2039円
愛と超作	神様の真似をして生きる	四六判	274頁	2427円
人間はどこから来てどこへ行くのだろうか	人間・幸せ・健康について	B6判	157頁	1524円
良心が健康をつくる		B6判	176頁	1524円
仮想から現実へ	コンピュータ時代における良心の確立	B6判	201頁	1600円
死後の世界と魂土地の神々	魂はあるか	四六判	224頁	1524円
霊的成長と悟り	カルマを成就し解脱にいたる道	B6判	238頁	1262円

※本体価格

—宗教心理出版—　**本山 博　著作集**

輪廻転生の秘密
再生、カルマとそれを越える道
B6判 210頁 1300円

地球社会における生き方と宗教
人類に幸せと霊的成長をもたらすもの
A5判 289頁 2913円

啓示された人類のゆくえ
予言はいかに実現されたか
四六判 312頁 2718円

神々との出会い
苦しみを超え、真の自由、愛、智慧を得る
B6判 307頁 1262円

密教ヨーガ
タントラヨーガの本質と秘法
A5判 237頁 2000円

チャクラの覚醒と解脱
A5判 367頁 3689円

超意識への飛躍
瞑想・三昧に入ると何が生じるか
B6判 190頁 1262円

現代社会と瞑想ヨーガ
21世紀こころの時代
四六判 254頁 1553円

自分でできる超能力ヨガ
4週間で身につくトレーニング法
B6判 252頁 1262円

ヨガと超心理
ヨガ・超心理・鍼灸医学
B6判 170頁 1905円

心の確立と霊性の開発
坐禅の書・小止観の実践的解説
B6判 170頁 1905円

本山博　著作集
全13巻　別巻2
菊判　函入
全巻揃　一八〇、〇〇〇円

◇名著刊行会◇

気・瞑想・ヨーガの健康学
東洋医学の深層
四六判 240頁 2500円

坐禅・瞑想・道教の神秘
天台小止観と太乙金華宗旨
四六判 250頁 2400円

呪術・オカルト・隠された神秘
心の成長と霊の進化の宗教学
四六判 214頁 2000円

宗教と医学
四六判 265頁 2524円

※本体価格

宗教心理学研究所出版英文書籍

Hypnosis and Religious Super – Consciousness (1971)

How to Measure and Diagnose the Functions of the Meridians and Their Corresponding Internal Organs (1975)

ヒューマン サイエンス プレス 英文書籍

The Correlation between Psi Energy and Ki *– Unification of Religion and Science* (1991)

A Study of Yoga from Eastern and Western Medical Viewpoints (1993)

Measurements of Ki Energy, Diagnoses & Treatments *– Treatment, Principles of Oriental Medicine from an Electrophysiological Viewpoint* (1997)

Comparisons of Diagnostic Methods in Western & Eastern Medicine *– On BP* ($I_1+I_2+I_3$)*, AP; A Correlation between Ki Energy and Environmental Conditions* (1999)

Religion and Humanity for a Global Society (2001)

Awakening of the Chakras and Emancipation (2003)

What Is Religion? *– Religion for a Global Society* (2006)

Varieties of Mystical Experience -I-: *Path to Self-Realization* (2006)

Being and the Logic of Interactive Function (2007)

CIHS プレス 英文書籍

A reprint of ***Towards a Superconsciousness***
– Meditational Theory and Practice (2005)

A reprint of ***Karma and Reincarnation***
– The Key to Spiritual Evolution & Enlightenment (2009)

Science and the Evolution of Religion
– The Way to World Religion (2009)

The Buddha's Satori (2010)

A reprint of ***Theories of the Chakras***
– Bridge to Higher Consciousness (2010)

Truth of Spirituality (2010)

他社出版外国語書籍

Science and the Evolution of Consciousness
– Chakras, Ki and Psi
English edition (Autumn Press) (1978)
German edition (Aurum Verlag) (1980)
Dutch edition (Ankh-Hermes) (1985)

Theories of the Chakras *– Bridge to Higher Consciousness –*
English edition (The Theosophical Publishing House) (1982)
Dutch edition (Ankh-Hermes) (1986)
Portuguese edition (Editoria Pensamento) (1988)
French edition (Editions Adyar) (1995)
Bulgarian edition (1999)
English reprint for India, Nepal, Sri Lanka,
Pakistan, Myanmar, Bangladesh, Singapore,

Thailand, Malaysia and Hong Kong (New Age Books)	(2001)
Spanish edition (EDAF)	(2002)
Turkish edition (Ruh ve Madde Yayimlari)	(2004)
Hungarian edition (Édesvíz Kaidó)	(2005)
Romania edition (EXCALIBUR)	(2009)
English reprint (CIHS Press)	(2010)

Karma and Reincarnation

European English edition (Piatkus)	(1992)
North American English edition (Avon Books)	(1993)
Dutch edition (Ankh-Hermes)	(1994)
Swedish edition	(1999)
Italian edition (Hermes Edizioni)	(2000)
Croatian edition	(2001)
Bulgarian edition	(2002)
Greek edition	(2002)
Hungarian edition (Édesvíz Kiadó)	(2003)
Turkish edition (Ruh ve Madde Yayimlari)	(2004)
Romanian edition (EXCALIBUR)	(2007)
English reprint (CIHS Press)	(2009)